AF554165

8° O2b
169

DEPOT LEGAL
T-ET-GARONNE
N° 20
18..

LA RÉBELLION ARMÉNIENNE

SON ORIGINE — SON BUT

Par le Vte R. DES COURSONS

PARIS
LIBRAIRIE DU SERVICE CENTRAL DE LA PRESSE
6, Rue de Provence, 6.

—

1895

O2b
169

LA

RÉBELLION ARMÉNIENNE

SON ORIGINE — SON BUT

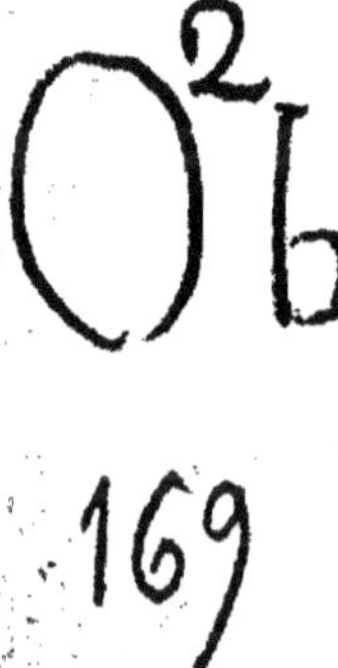

LA RÉBELLION
ARMÉNIENNE

SON ORIGINE — SON BUT

Par le Vte R. DES COURSONS ?

Monsieur! vous êtes vraiment le dernier des lâches. —

——→+←——

Un lecteur

Bravo!

un autre lecteur!

PARIS
LIBRAIRIE DU SERVICE CENTRAL DE LA PRESSE
6, Rue de Provence, 6.

—

1895

(C.)

LA RÉBELLION ARMÉNIENNE

Son origine — Son but

I

La rébellion arménienne a-t-elle été spontanée ? — La complicité de la presse anglaise. — Enquête rétrospective. — Une « colossale duperie », d'après le *Globe*.

Pendant que se succédaient les divers incidents de la rébellion arménienne, nous suivions, avec une attention un peu narquoise, le langage progressivement tragique des feuilles anglaises, ce qui nous a donné l'idée de feuilleter, pour notre édification personnelle, les collections de ces journaux depuis ces huit dernières années, c'est-à-dire depuis le moment où l'annonce d'une « question arménienne » a été, comme une fusée d'alarme, lancée de Londres à travers l'Europe. Nous étions curieux de retrouver le point de départ de ce fleuve de larmes. Cette investigation rétrospective n'a pas été stérile ; elle nous a procuré une moisson d'observations instructives, de révélations curieuses, qu'il serait véritablement fâcheux de laisser dans l'ombre.

Ainsi, on voit, dès 1888, les feuilles des bords de la Tamise annoncer, d'un ton sybillin, que l'ère des *grands troubles* va commencer dans les provinces habitées par les Arméniens, et, à partir de cette prophétie, la région asiatique qui doit, en bon langage géographique, s'appeler « Kurdistan » puisqu'elle renferme *un million et demi* de Kurdes contre *huit cent mille* Arméniens, change de nom et est invariablement désignée sous le nom « d'Arménie » dans le vocabulaire des journaux de la Grande-Bretagne.

C'est, d'ailleurs, une des particularités bien singulières de cette histoire anglo-arménienne que les moindres événements ont été prédits à distance et assez longtemps d'avance par les gazettes de la Cité ; chaque fois qu'un incident a surgi, les publicistes en question en donnaient au préalable le programme détaillé, quelque chose comme un prospectus, avec indication de lieu et de date ; c'est ce qui s'est produit notamment pour l'affaire de Talori. Cette étonnante perspicacité des journaux britanniques pourrait donner lieu à bien des commentaires, et les gens sceptiques ont cru y trouver la preuve que la rébellion arménienne se confectionnait dans certains clubs et au fond de quelques officines politiques de Londres et qu'on l'exportait ensuite sur commande pour des destinations désignées.

Cette simple réflexion m'a tiré d'une grande perplexité : car j'avais eu, à deux reprises différentes, l'occasion de visiter les provinces asiatiques agitées depuis lors par cette rébellion artificielle, et les impressions que j'en avais rapportées étaient loin de concourir avec les descriptions belliqueuses des organes gladstoniens qui nous peignaient le peuple arménien comme frémissant sous le joug, exalté par son humeur guerrière et résolu aux dernières violences pour conquérir sa liberté.

J'avais toujours vu les Arméniens d'Asie comme de braves gens soumis, pacifiques, très intelligents et fort raisonnables, ayant des aptitudes étonnantes pour le calcul et les langues vivantes, soucieux avant tout de leurs intérêts matériels et s'arrangeant fort bien de la somme — d'ailleurs considérable — de libertés que leur laissait le gouvernement ottoman : libre usage de leur langue maternelle, de leur culte, de leurs églises, de leurs institutions sociales, de leurs écoles, de leurs hospices, de leurs sociétés de bienfaisance, etc. Loin d'avoir un tempérament révolutionnaire ou une humeur insurrectionnelle, les Arméniens m'avaient toujours paru de bons agriculteurs, de très habiles commerçants et surtout des manieurs d'argent d'une incomparable adresse : presque tous les *sarafs* (banquiers, changeurs) sont Arméniens et s'ils ont une propension bien caractérisée à l'usure, on doit constater qu'ils n'épargnent pas plus leurs coreligionnaires que les Musulmans. Le proverbe turc ne dit-il pas qu'il faut « six Juifs pour tromper un Arménien » ?

Rien donc, dans cette population paisible, affectueuse et douce, ne m'avait révélé un peuple altéré de combats et s'entraînant à la guerre civile. Ce qui me porte à croire que mon ancienne impression est la véritable, c'est que je la trouve déjà exprimée par Lamartine, bien avant que les destinées nouvelles de la nation arménienne ne fussent en cause : « Laborieux, paisibles, réguliers, calculateurs et cupides, ils mettent leur génie trafiquant aux gages du Sultan et des Turcs ; le commerce est leur génie ; ils le feront sous tous les maîtres. Ce sont les chrétiens qui *sympathisent le mieux* avec les Turcs. » [Lamartine. — Voyage en Orient.]

Si je faisais un reproche à cette appréciation, ce serait à propos du ton un peu dédaigneux avec lequel le poète voyageur signale les qualités pratiques et bourgeoises du peuple arménien : ce sont, au contraire, ces vertus modestes qui ont fait la force de cette race et ont permis aux plus remarquables de ses enfants d'occuper des situations de premier ordre dans l'administration ottomane : citons seulement les noms d'Agop Pacha, de Mikaël Pacha Portukalian, d'Artin Pacha Dadian, etc., etc. Combien de fois, dans mes voyages à travers l'Anatolie, n'ai-je pas admiré l'esprit de famille des Arméniens, leur organisation patriarcale, la simplicité et la pureté de leurs mœurs, leur goût pour l'instruction, la rectitude et la vivacité de leur jugement que rend encore plus aimable un fonds naturel de bienveillance et d'affabilité !

Les Arméniens ne sont pas un peuple chevaleresque, c'est entendu ; ils sont peu sensibles à la gloire militaire et aux initiatives révolutionnaires qui font la joie de notre aimable Occident : loin de les en blâmer, nous ne saurions trop les engager à continuer.

Un auteur contemporain, le comte de Chollet, qui s'est montré assez sévère pour les Arméniens, leur reproche : « la fourberie, la duplicité et la jalousie qui sont leurs » passions dominantes » ; il ajoute : « Aussi l'état de divi- » sion dans lequel ils vivent, une fois arrivés à l'âge mûr, » est tel dans ces régions qu'aucune entreprise sérieuse » ne peut être menée à bonne fin avec leur concours et » même leurs complots contre le gouvernement échouent » toujours par la traîtrise de quelques-uns de leurs conju-

» rés. Peut-être, d'ailleurs, se sont-ils rendus compte de
» leur incapacité d'accomplir ensemble quelque chose d'im-
» portant : car en 1890, au moment des derniers troubles
» d'Arménie, aucun d'entre eux, ni à Césarée ni aux envi-
» rons, n'est entré dans la tentative de soulèvement natio-
» nal qui a si piteusement échoué. Très riches et maîtres
» de presque tout le commerce de la ville, ils vivent en
» assez bons termes avec les autorités turques et sont
» certainement moins éloignés des musulmans que leurs
» compatriotes catholiques. » (*Arménie, Kurdistan et Mésopotamie*, par le Cte de Chollet.)

Nous ne voulons pas discuter ce qu'il peut y avoir d'excessif dans cette manière de voir ; il nous suffit de constater que M. le comte de Chollet est d'accord avec nous pour refuser aux Arméniens la vocation insurrectionnelle.

En me basant sur ces données, je me suis demandé souvent par quel prodige ce peuple si assimilable, si pacifique avait pu être conduit à l'idée d'essayer une révolte insensée ? Quel délire inattendu avait transformé ces tranquilles négociants, ces timides escompteurs en révolutionnaires militants ? Faudrait-il donc croire à un réveil soudain de l'énergie nationale, exaltant jusqu'au mépris de la mort ces peuplades clairsemées et dont les groupes vivaient jusqu'alors dans un état voisin de l'indifférence réciproque ?

Je me demandais aussi ce qu'il fallait penser de ces récits empoignants, d'une exagération évidente, que la presse anglaise nous ressassait, depuis huit ans, sous la rubrique emphatique : « Atrocités arméniennes ». Dans cette accumulation ininterrompue d'accusations horribles, on devinait sans peine un procédé calculé pour impressionner la nervosité romanesque des lectrices anglaises.

Parmi ces articles, que j'ai ramassés patiemment au jour le jour, j'avais remarqué de grossières invraisemblances, des contradictions incontestables, des inventions ridicules et surtout cette affectation déclamatoire particulière aux journaux britanniques qui, avant tout, on le sait, aiment à pontifier. Certaines feuilles s'apitoyaient, en style d'homélie, sur les misères de « l'Arménie » et exhumaient du sépulcre de l'oubli quelques vieilles poésies lyriques remontant à la guerre de l'indépendance hellénique, poésies qu'elles avaient soin de maquiller, en les montrant comme des inspirations fraîches écloses sur les malheurs des chrétiens d'Orient!

Il est vrai que, en même temps, d'autres journaux britanniques accusaient nettement leurs confrères de se moquer du public : le *Globe* (janvier 1895) n'allait-il pas jusqu'à déclarer que « les prétendues atrocités contre les » Arméniens sont la *plus colossale duperie* qui ait jamais » été commise à l'égard du peuple anglais! »

Dès lors, on peut comprendre qu'en France on se soit montré un peu sceptique et fort circonspect en ce qui concerne la sensiblerie britannique : nous qui sommes si prêts à nous « emballer » chaque fois qu'il s'agit de prendre parti pour des faibles et des opprimés, nous avons, en cette circonstance, témoigné une très grande froideur. C'est que nous avons déjà reçu de nos bons voisins tant de fausses pièces de monnaie politiques, que nous éprouvons le besoin bien naturel de vérifier si on peut, sans niaiserie, accepter cette nouvelle émission philanthropique. Voilà pourquoi une curiosité invincible m'a engagé à chercher ce qu'il *pouvait bien y avoir* au fond de cette agitation turcophobe. Je crois avoir trouvé, et, en tout cas, j'exposerai ce que j'ai trouvé : le public appréciera.

Comme on le verra, c'est surtout dans les journaux anglais eux-mêmes que nous avons cherché nos renseignements ; c'est dans leurs colonnes mêmes que nous avons cueilli les démentis qu'il est nécessaire de leur opposer pour l'honneur de la vérité et le soin de la tranquillité internationale. En même temps que j'exécutais ce travail de compilation, quelques amis de Turquie, que je tiens à remercier ici, ont bien voulu consulter à mon intention les registres des Cours d'appel et de la Cour de cassation de Constantinople qui a jugé en dernier ressort une foule d'affaires relatives aux derniers événements. Il nous semble que ces arrêts, publiquement rendus par des magistrats éclairés et impartiaux, méritent plus de créance que les reportages passionnés des journaux de la Tamise, fabriqués avec des lettres généralement anonymes ou signés par des correspondants insaisissables : il faut avoir vécu en Asie-Mineure pour savoir comment les nouvelles y éclosent spontanément, se transforment, s'amplifient, s'aggravent et arrivent, au bout de quelques heures de commérages, à prendre des proportions catastrophales. Le besoin de travestir et de boursoufler la vérité est général chez les peuples orientaux ; il est surtout prononcé chez les Arméniens dont le penchant pour le mensonge est avoué même de leurs compatriotes : il n'y a pas bien longtemps qu'un Arménien publiait dans un grand journal de New-York une lettre pour supplier ses coreligionnaires d'avoir soin dans leurs récits de dire la vérité, seulement la vérité, rien que la vérité et surtout de résister à leur passion naturelle pour le mensonge.

Mais il est évident que ces infiltrations de fausses nouvelles arméniennes ne suffiraient pas à expliquer le débordement persistant d'histoires macabres dont les journaux anglais ont inondé l'Europe depuis huit ou dix ans. Il y a là autre chose qu'un délit de falsification de renseignements ; c'est cette autre chose que j'aimerais à bien mettre en lumière.

Derrière la comédie qui se jouait à l'intention des grandes puissances, il faut retrouver l'impressario masqué qui organisait le spectacle, machinait l'éclairage et le décor et avait l'œil sur la recette. C'est en cela que consiste l'élément vraiment intéressant de notre étude. Si on veut bien nous suivre jusqu'au bout, on verra que les agitateurs arméniens ont été égarés, entraînés, lancés par une grande puissance occidentale, assez coutumière de ces sortes d'intrigues.

On comprendra alors que nous ayons compassion pour les pauvres Arméniens d'Asie qui ont naïvement ajouté foi aux suggestions fallacieuses de quelques agents provocateurs soutenus par l'étranger : ces incitations perfides les ont poussés à une rébellion sans issue, qui a coûté la vie à plusieurs d'entre eux et provoqué dans toute la contrée une recrudescence de misères, d'inquiétudes et d'insécurité. Nous pensons qu'ils doivent maudire maintenant la pernicieuse influence des conseillers suspects qui les ont abusés par des promesses d'un avenir meilleur, tout en compromettant les résultats déjà obtenus : car ce n'est pas en s'insurgeant contre le gouvernement turc qu'on pourra décider celui-ci à activer les améliorations espérées. Une rébellion appelle nécessairement une répression et toute répression suppose un arrêt plus ou moins long dans la marche du progrès.

Si quelques Arméniens conservent encore quelque doute sur la moralité de la combinaison dont ils ont été victimes, nous allons leur en dévoiler, sans réticences, toute la trame.

Nous le répétons : nous avons la prétention d'être les amis sincères et prévoyants du peuple arménien. Les faits eux-mêmes se chargent aujourd'hui de lui démontrer, avec une mélancolique éloquence, ce qu'il doit penser des sauveteurs ou libérateurs qu'une politique d'un égoïsme impitoyable leur a expédiés des bords de la Tamise.

II

Midhat-Pacha et un essai de parlementarisme en Turquie. — Entrée en campagne des journaux anglais. — L'insurrection crétoise. — Une proposition britannique.

C'est surtout au temps de Midhat-Pacha que l'Angleterre a commencé à s'immiscer ostensiblement dans les affaires intérieures ottomanes. En réalité, la fameuse constitution de Midhat, dont on parle beaucoup aujourd'hui, sans l'avoir jamais lue, n'était qu'un décalque du parlementarisme britannique fort maladroitement adapté à la Turquie.

Voit-on bien une Chambre de députés dans un pays où Musulmans, Grecs orthodoxes, Arméniens, Israélites, Chaldéens, Coptes, Yésidis, etc., se seraient disputés tout le long du jour, chaque groupe cherchant à tirer à soi le gouvernement et à s'attribuer des privilèges aux dépens des autres races ? Ce projet n'était autre chose que l'organisation du gâchis, et il ne s'explique que par l'enthousiasme aveugle de Midhat-Pacha pour tout ce qui était britannique. On se rappelle les liens étroits d'amitié qui unissaient le ministre ottoman et sir Eliot, ambassadeur d'Angleterre en Turquie, et on n'ignore pas la pression que l'agent britannique exerça, en décembre 1876, afin de faire élever Midhat-Pacha au rang de grand-vizir et d'arracher au Sultan le hatt du 23 décembre. L'Angleterre pouvait se flatter alors d'avoir implanté en Turquie son influence prépondérante et elle se préparait déjà à diriger le fonctionnement du parlementarisme turc dont elle avait fourni la formule. Jamais l'autonomie de l'empire ottoman n'avait couru pareil danger ; aussi, lorsque le Sultan, avec autant de décision que d'habileté, déjoua les tentatives de Midhat-Pacha et de sir Eliot, vit-on toute la presse anglaise se livrer à des doléances interminables qui semblaient traduire une douleur nationale — disons mieux — une déception nationale.

Le Foreign-Office comprit qu'il avait marché trop vite : il est plus malaisé d'introduire en Turquie le goût du parlementarisme anglais que d'y vulgariser les filés de Manchester ou la coutellerie de Birmingham. La nation ottomane, fort peu soucieuse de ces combinaisons philosophiques, en avait déjà assez d'une tentative qui pouvait la conduire aux abîmes ; elle laissa les théoriciens d'Occident verser des larmes plus ou moins sincères sur la mort prématurée de la constitution non viable de Midhat-Pacha et elle revint sagement au système politique qui lui avait donné tant de siècles de grandeur, de force et de prospérité, c'est-à-dire la réunion de tous ces peuples de races, croyances et mœurs diverses sous l'égide d'un souverain à la fois autocratique et patriarcal, placé par sa naissance comme par son autorité au-dessus de tous ces antagonismes et les maintenant rigoureusement en respect. En Turquie, l'unité nationale est une chimère ; l'équilibre national est tout.

Avec cette ténacité infatigable qui fait sa force politique, l'Angleterre a, depuis lors, essayé de prendre sa revanche et de se rendre nécessaire en Orient, dans cet Orient où elle vient sans cesse se heurter contre sa terrible rivale, la Russie ; car c'est là tout le secret de sa stratégie ; si la Grande-Bretagne cherche à s'implanter dans le Kurdistan, c'est afin de pouvoir inquiéter, à un moment donné, la base du colosse moscovite ; si elle prend à Constantinople un ton si arrogant, c'est qu'elle veut empêcher toute concession à la Russie dans le Bosphore ou les Dardanelles. La Grande-Bretagne s'est donc décerné spontanément l'emploi de policeman général de l'empire ottoman ; d'avance elle s'est fait payer ses services en s'adjugeant Chypre ; comme certains préfets de police célèbres, lorsque les incidents chôment, elle s'attache à les provoquer, afin de se ménager une occasion d'intervenir ; c'est un bon prétexte pour reparler de temps à autre de l'envoi d'une escadre britannique aux Dardanelles.

Nous ne prétendons pas que ce soit le Foreign-Office lui-même qui intervienne directement dans la préparation des émeutes en Asie ou qui expédie personnellement les fusils Martini qui s'en vont des docks de Londres à Trébizonde ou à Djeddah ; le gouvernement anglais n'est pas assez maladroit pour exécuter lui-même ces besognes compromettantes, et l'ambassadeur de la reine Victoria, sir Philipp Curry, est toujours en mesure de désavouer les agitateurs anglo-arméniens ou anglo-arabes. Mais il y a, à Londres, un groupe de *jingoïstes* britanniques qui se charge de réaliser ces travaux préparatoires, d'organiser les incidents, de préparer les troubles et de fournir aux factieux les instruments nécessaires à la réalisation de leurs plans et, au besoin, les plans eux-mêmes. C'est ainsi qu'ont été provoqués les massacres d'Alexandrie, c'est ainsi qu'ont commencé les troubles en Crète, en Arménie, en Arabie; c'est ainsi que s'inaugure une nouvelle période d'agitation en Macédoine. Ces jingoïstes, nous les appellerions volontiers les francs-tireurs du Foreign-Office : ils se remuent, ils crient, ils prêchent, ils écrivent, ils font des *meetings* ou rédigent des protestations, tandis que, dans une région plus sereine, le gouvernement anglais attend l'heure propice pour recueillir les fruits de cette agitation préalable et faire rentrer au bon moment ces atouts dans le grand jeu de sa politique et de sa diplomatie.

En Turquie d'Asie, il ne peut songer à une annexion brutale et effrontée comme cela a eu lieu en Egypte; il s'agit donc seulement de créer une situation maladive, tourmentée, affaiblissante qui facilite à l'Angleterre une action de plus en plus accentuée, de plus en plus énergique, aboutissant à une sorte de protectorat moral et politique sur ces régions : c'est l'histoire du médecin, du *morticole*, qui soigne la maladie plutôt que le malade.

C'est en 1888 que la manœuvre a commencé à se dessiner : déjà, à cette époque, le *Daily Chronicle*, le *Standard*, le *Pall Mall Gazette* publient des séries d'articles sinistres où on accuse les Turcs de toutes sortes de violences et d'iniquités contre les Arméniens; des Kurdes, il n'en est pas encore question; ce sont surtout les fonctionnaires ottomans qui sont visés. Dès les premiers jours de 1889, la question arménienne est lancée et, chose à noter, ce sont les cercles conservateurs de Londres qui prennent l'initiative de cette campagne destinée plus tard à devenir le thème favori des libéraux, presque leur propriété littéraire. Les journaux de Londres multiplient les appels chaleureux en faveur des Arméniens persécutés et réclament pour eux « l'autonomie administrative »; on sait ce que cela veut dire ! En même temps, ils couvrent d'éloges le grand-vizir Kiamil-Pacha, dont les sympathies britanniques sont connues ; on lui décerne le titre de « nouveau Midhat » et on l'exhorte à tenter une seconde expérimentation de la Constitution de 1876, attendu que le parlementarisme peut seul mettre un terme aux souffrances des Arméniens opprimés par les Turcse : je me demande pourquoi !

En même temps de nouveaux troubles éclatent en Crète ; là, ce ne sont plus des Chrétiens qui sont persécutés par les Musulmans ; ce sont au contraire les Musulmans qui sont dépouillés et massacrés par les Chrétiens. N'importe ! l'occasion est bonne et la Grande-Bretagne s'empresse d'envoyer une escadre dans les eaux de la Canée (août 1889). Les journaux de la Cité annonçaient déjà triomphalement que « le Sultan considérait la Crète comme moralement perdue et était résigné à toutes les concessions ». Mais cette invite mal déguisée n'obtient aucun succès : Abdul-Hamid, au lieu d'abandonner l'ile de Crète, préfère y envoyer Mahmoud-Djélaleddin-Pacha, dont l'énergie et l'habileté sont connues et qui, deux ans auparavant, a étouffé une rébellion du même genre.

Alors le *Times* adresse aux Chrétiens crétois de véritables appels à l'insurrection, raisonnement assez bizarre puisque précisément ce sont les Chrétiens qui égorgent les Musulmans.

Même le premier ministre, lord Salisbury, au meeting de Beaumont-Hall (16 juillet) rend aux rebelles un hommage public qui pouvait passer pour un encouragement, presque pour une sanction.

Les troubles augmentent, et le Sultan doit envoyer, en deux fois, 12 bataillons en Crète, soit 10,000 hommes environ. Le *Times* essaie alors de risquer un pas avant, en disant :

« La Crète peut tomber facilement sous la protection britannique, car, étant donné que la Turquie n'a pas d'argent, que la Grèce en a besoin et que l'Angleterre en a, la Grèce peut très bien acheter la Crète à la Sublime-Porte avec l'argent emprunté à l'Angleterre : dans ce cas, les Anglais garderaient l'île en garantie. »

Ce n'est pas plus difficile que cela; mais les Crétois ne semblent guère goûter cette combinaison politico-financière, et, le 28 juillet, des manifestations ont lieu à la Canée pour repousser *avec horreur* toute idée de protectorat anglais.

L'enquête se poursuit et elle constate nettement que les premières violences sont venues du côté des Chrétiens, bien plus nombreux dans l'île que les Musulmans; il y a, en effet, en Crète, 88,487 Mahométans contre 204,787 Grecs orthodoxes, c'est-à-dire que les 5/8 de la population sont des Chrétiens.

D'ailleurs, le rapport du vice-consul de France au consul de la Canée établit que les insurgés chrétiens ont commencé par renverser le minaret de la mosquée de Kalios, détruit la mosquée de Koubbeli et plusieurs autres édifices religieux. A Agia-Yorghy, près de Rétymo, ils ont massacré les Musulmans et, à Abissa, ils ont attaqué une bande de fugitifs et violé les femmes mahométanes : puis ils incendient les villages, détruisent les récoltes et dévastent toutes les plantations ; la commission a évalué les dégâts à 3 millions de livres turques (69 millions de francs).

Affolés, les paysans musulmans émigrent en masse, pendant que les émeutiers continuent leurs ravages ; voici le relevé officiel de la quantité de maisons, de mosquées et d'écoles que les Grecs orthodoxes ont brûlées dans l'espace d'un mois environ :

	Maisons	Mosquées	Ecoles
Sandjack de la Canée	1.531	3	15
— de Sphakia...........	289	2	2
— de Rethymo..........	371	16	6
— de Candie............	4.201	37	14
— de Lassiti............	34	»	»
Total.....	6.435	58	37

Pendant que ces violences s'accomplissaient, la presse anglaise multipliait ses attaques véhémentes... contre les Musulmans, contre le gouvernement turc et même contre le Sultan lui-même. On exhibait quelques insurgés crétois dans les *meetings* et les cabinets de rédaction ; on ouvrait des souscriptions en faveur des « victimes du fanatisme mahométan » ; on colportait dans les cercles diplomatiques un mémoire des Candiotes invoquant l'appui des grandes puissances contre l'empire ottoman : les feuilles de la cité s'attachaient à stimuler la Grèce et à la pousser dans une voie aussi funeste pour la prospérité du peuple hellénique que pour la tranquillité de l'Europe.

En dépit de toutes ces excitations, le calme fut rétabli dans l'île : le maréchal Chakir-Pacha, à la tête des troupes, fit rentrer dans l'ordre les rebelles, et les Musulmans fugitifs commencèrent à regagner leurs villages et à réparer leurs demeures. (Septembre.)

Lorsque la pacification fut complète, le Sultan rendit un firman qui, tout en confirmant le statut organique de

1868, restreignait certaines faveurs concédées par le firman de 1878, en corrigeant quelques dispositions que l'expérience administrative avait condamnées comme facilitant les entreprises factieuses. En cela, la Turquie faisait preuve de sagesse et de fermeté, et si les Candiotes ont perdu quelques avantages politiques, ils ne sauraient s'en prendre qu'aux agitateurs qui ont essayé d'arracher ce morceau de territoire ottoman pour l'offrir à l'Angleterre.

La déception des journaux britanniques fut si grande qu'ils ne gardèrent plus aucune mesure ; le correspondant du *Times,* M. Stillman, qui avait joué un rôle assez singulier durant tous les troubles, annonçait que l'insurrection générale avait éclaté en Crète et que les troupes turques étaient taillées en pièces : les autres feuilles de la Cité ne parlaient de rien moins que d'une intervention armée en Turquie et de l'envoi immédiat d'une escadre aux Dardanelles.

Pendant que ces ultimes colères finissaient de s'exhaler, Mahmoud-Djélaleddin-Pacha achevait sa mission d'apaisement, et sans qu'aucune effusion de sang fut nécessaire. Les principaux coupables, traduits devant la Cour martiale, furent condamnés à l'emprisonnement ; aucun n'encourut la peine capitale et, d'ailleurs, peu après, le Sultan leur accordait une amnistie pour tous les faits politiques, sauf les délits de droit commun.

En mars, les rapports des consuls de France, de Russie et d'Italie attestaient que la tranquillité était complète en Crète et que les émigrés musulmans rentraient en masse. Cette situation était d'ailleurs confirmée peu après, en plein Parlement anglais, par sir Fergusson.

Au même moment, l'ambassadeur de la reine Victoria proposait à la Turquie de l'aider « dans la *nouvelle crise*

» *qui menaçait* l'empire ottoman, à condition que le » Sultan ne mit plus d'obstacle à l'accomplissement des » visées britanniques en Egypte. » Parole bien intéressante à méditer et à noter ; car elle est le résumé et l'explication de tout l'imbroglio anglo-arménien.

III

Les Arméniens en Anatolie. — Les Kurdes, mœurs et usages. — La cavalerie Hamidieh. — Le projet de création d'un « Royaume d'Arménie ». — Nubar-Pacha prétendant au trône. — La presse anglo-arménienne.

J'ai déjà rendu justice aux qualités du peuple arménien, en constatant qu'il est pacifique, intelligent, laborieux et économe. J'ai signalé aussi cette souplesse de caractère qui lui permet de s'assimiler facilement avec la race musulmane. En effet, dans les villages asiatiques, — j'en parle par expérience, — la solidarité la plus complète règne entre le paysan arménien et le cultivateur turc. Bien souvent lorsque le jeune musulman part pour le service militaire ou pour le pèlerinage de la Mecque, c'est à son voisin arménien qu'il confie sa famille et ses biens ; du moins les choses se passaient ainsi en Anatolie, lorsque j'y séjournais ; il est possible que, depuis lors, l'animosité fomentée par les agitateurs étrangers ait modifié ces bonnes dispositions réciproques.

Chose curieuse : l'Arménien a tellement copié le Turc, qu'il pratique la séparation des sexes et que sa maison est divisée en *haremliq* et en *sélamliq ;* les femmes arméniennes sont voilées, souvent même plus rigoureusement que les musulmanes.

Il n'y a donc aucune antipathie traditionnelle entre les deux races et l'oppression des Chrétiens « par les Musulmans fanatiques » n'existe que dans l'imagination des écrivains anglais. Est-ce à dire que le paysan arménien n'est pas à plaindre, qu'il ne souffre pas de la misère, de la mauvaise perception des impôts, des tracasseries de l'administration locale ? Telle n'est pas ma pensée ; car j'ai pu constater de mes yeux la condition précaire et les souffrances de ces pauvres populations et,, en voyant ces malheureux si résignés à leur triste condition, je me demandais souvent si nos campagnards français, placés dans de pareilles conditions, pourraient vivre et se reproduire. Telle est la vérité ; mais ce qui est vrai aussi, c'est que le paysan musulman est tout aussi à plaindre que son compatriote chrétien, qu'il vit d'une existence aussi dure, qu'il n'est pas moins pressuré par le collecteur d'impôts, qui, le plus souvent, est un Arménien. Qu'on nous cite donc un privilège, un seul qui soit accordé à l'élément musulman et dont soit privée la population chrétienne ! Il n'y a qu'une différence, et elle est toute en faveur des Chrétiens : le jeune mahométan doit quitter sa famille et ses enfants pour entrer dans l'armée ottomane où il passe six ans dans l'armée active (mouasaf), huit dans la réserve (redif), etc. Pendant ce temps-là, ses compatriotes, Arméniens, Grecs ou Latins, moyennant une taxe légère annuelle d'une cinquantaine de francs (bédel-i-askérieh), sont dispensés de tout service et restent tranquillement dans leurs foyers, à leurs champs ou à leur comptoir. Ce privilège accordé aux Chrétiens met les Musulmans dans une situation très désavantageuse au point de vue de l'accroissement des familles et de l'accès aux emplois de tout genre. Mais que faire ? Voit-on d'ici l'indignation de l'Angleterre et d'autres puissances occidentales si le gouvernement ottoman voulait établir le service militaire obligatoire pour tous les jeunes gens sans distinction de race ni de croyance !

Passe encore pour les Turcs, nous dira-t-on : il est possible, en effet, qu'ils ne soient pas plus favorisés que les Arméniens ; mais il y a les Kurdes, ces Kurdes féroces et sanguinaires, dont les méfaits remplissent chaque jour une colonne et demie des principaux journaux britanniques.

D'abord, les Kurdes ne sont pas si noirs qu'on les représente ; nous ne pouvons mieux faire que de citer ici quelques passages d'une brochure intitulée *Kurds and Armenians*, publiée en Angleterre par M. S. Ximénès, membre de la Société de géographie de Londres. Ce travail a fait sensation dans les cercles politiques de la Grande-Bretagne, parce que M. Ximénès a résidé dans le Kurdistan et qu'il a vécu notamment dans la région la plus troublée, à l'époque même où, d'après les feuilles anglaises, se perpétraient les fameux massacres.

« Le Kurde est avant tout un nomade » dit le voyageur anglais ; « lorsqu'il cesse d'être nomade il perd une partie » de sa force et de sa vertu. Quoi qu'on ait pu dire, le » Kurde est doué de qualités très appréciables, qui sont » fortifiées et embellies par son amour naturel pour sa » tribu. Quelques gens parlent sans cesse des Kurdes » nomades comme de maraudeurs incorrigibles. C'est une » erreur ; car le véritable nomade, menant comme il le » doit, une vie pastorale et se déplaçant régulièrement » d'un campement à un autre dans une zône bien définie, » est comparativement honnête. Mais chaque fois qu'une » tribu est démembrée et que la famille est dispersée dans » les villages sous l'autorité pernicieuse des Aghas, dès que

» les liens de solidarité entre les différents éléments de la
» tribu ont été brisés, le caractère original du Kurde dis-
» parait; il semble dévoyé, sans moyens d'existence, et,
» si quelque chose se trouve à sa portée, il ne manque pas
» d'en user : car il n'est ni laborieux, ni économe en sa
» qualité de nomade, et n'étant accoutumé ni à travailler
» ni à épargner, il devient un pillard qui ne respecte rien.
» C'est là une période de transition, avec tous ses mé-
» comptes, entre deux systèmes d'existence entièrement
» différents. Mais, lorsque le Kurde erre de la plaine à
» la montagne et de la montagne à la plaine, sur le terrain
» qui, depuis des siècles, appartient à sa tribu, où il
» trouve sans difficulté tout ce qui est nécessaire à sa
» subsistance et à sa libre expansion, sans souci et sans
» travail pénible, vivant sans obstacle parmi les siens et
» dans sa condition native, alors, non seulement il ne
» cherche pas à piller, mais il est disposé à devenir libéral
» et généreux jusqu'à l'ostentation, et les villageois, tant
» Musulmans que Chrétiens, n'ont pas à se plaindre de
» lui. »

M. Ximénès, qui se loue de l'hospitalité des Kurdes, raconte ceci : « A Farashin, près de la source du Khabour,
» je trouvai dans la maison de Hadji-Bey, puissant chef
» Hartoushi, environ cent hôtes dont plus de la moitié
» étaient des Chrétiens. »

Signalons aussi un fait peu connu ; c'est que jadis chaque famille arménienne devait se choisir parmi les beys Kurdes un patron (Kabileh) auquel elle payait un tribut annuel et qui se chargeait de la protéger contre les autres Kurdes. C'est au gouvernement turc actuel que les Chrétiens doivent la disparition de ce rançonnement humiliant et onéreux.

Aujourd'hui, au contraire, ce sont plutôt les Arméniens qui rançonnent les Kurdes, car ils tiennent entre leurs mains tout le commerce et toute la banque et ils en profitent pour exploiter ces fiers et imprévoyants nomades fort peu experts dans les questions d'argent.

« Dans le Kurdistan, » dit M. Ximénès, « Arméniens » et Kurdes ne pourraient vivre les uns sans les autres — » chaque peuple, pour ainsi dire, complétant l'autre. — » Dans les bazars arméniens de Bitlis, Van, Erzeroum, » etc, les boutiques contiennent seulement les étoffes et » les marchandises destinées aux Kurdes. Les années de » disette, les Chrétiens vendront leur grain très cher à » des accapareurs et, en même temps, les Kurdes mour- » ront de faim.... C'est ce qui s'est produit l'automne » dernier à Palandoukian. Au mois de septembre, le chef » Kurde de Medrek m'a indiqué sept villes musulmanes » entièrement privées de pain. A Medrek, au centre de la » contrée, il ne restait que sept maisons inhabitées : les » autres familles avaient émigré dans le villayet de Sivas, » et cependant ces Kurdes, qu'on représente comme si » barbares et si voleurs, n'avaient qu'à franchir le défilé » au pied duquel ils vivent et ils se seraient trouvés au » milieu de cette merveilleuse vallée du Haut-Euphrate, » où il leur eût été aisé de prendre, dans les greniers » arméniens, le blé dont ils avaient besoin ou même de » commettre quelques excès, la faim étant mauvaise con- » seillère.... »

M. Ximénès ajoute que si l'Arménien n'existait pas le Kurde l'inventerait : car c'est l'Arménien qui est son banquier, son changeur, son homme d'affaires et on peut être sûr que, dans ces transactions, la victime n'est jamais l'Arménien. M. d'Allauch, qui a habité en 1889 le villayet de Bitlis, raconte que les banquiers arméniens de ce pays prêtent de l'argent à 75 % d'intérêt aux Musulmans comme aux Chrétiens. [*La Vérité sur l'Arménie*, Paris, 1895.]

Il est bien facile de comprendre que le Kurde, lorsqu'il se voit ainsi écorché, s'emporte contre son féroce usurier et que la plupart des rixes signalées par les journaux ont pour origine des règlements de compte difficiles.

Il ne faudrait pas croire, d'ailleurs, que le gouvernement turc n'ait pas eu d'ennuis avec les Kurdes : présenter ceux-ci comme les instruments, les exécuteurs dociles des volontés du Sultan, prouve tout simplement qu'on n'a aucune idée du caractère de ces tribus : c'est à peu près comme si on voulait rendre le ministère français responsable des agissements des Touaregs ! La vérité est que la Turquie a eu beaucoup de peine à dominer et à modérer ces fiers nomades ; elle y est déjà parvenue sur beaucoup de points, non pas en établissant des lois, mais en enrolant ces bandes belliqueuses dans des régiments de cavalerie irrégulière ; c'est la fameuse cavalerie Hamidieh dont la création a été si discutée par la presse anglaise.

L'Illustration du 1er juin 1895 a publié des détails très intéressants, avec photographies, sur ces nouveaux régiments qui donneront à l'Empire 100,000 cavaliers de premier ordre, rompus à la fatigue, d'une bravoure à toute épreuve. Actuellement 60 escadrons de 500 à 550 cavaliers sont déjà organisés ; il sera possible de porter à 200 le chiffre de ces escadrons. La Porte ne leur envoie que le colonel, les instructeurs et fournit les armes et le drapeau ; les chevaux, pour la plupart admirables, appartiennent aux tribus.

Les politiciens d'Outre-Manche, qui se sont mêlés d'arranger la question d'Orient et préconisent la création d'un « Royaume d'Arménie » — sous le protectorat plus ou moins ostensible de l'Angleterre — oublient ou ignorent que les Kurdes sont incontestablement les véritables propriétaires du pays, d'abord parce qu'ils sont arborigènes, ensuite parce qu'ils constituent la grande majorité de la population. Voici, d'après M. Vital Cuinet *(Turquie d'Asie)*, les chiffres de la population des 12 villayets de l'Asie-Mineure habités par les Arméniens et les Kurdes :

	Musulmans y compris les Kurdes	Arméniens	Autres	Total
Adana...........	158.000	97.450	174.980	403.430
Alep............	792.450	49.030	154.270	995.750
Angora.........	763.120	94.290	35.463	892.870
Bitlis............	251.000	131.390	13.230	398.620
Diarbékir........	328.640	79.130	63.680	471.450
Erzeroum........	500.780	134.960	9.950	645.690
Koniah..........	989.200	9.800	89.000	1.088.000
Meemouret ul Asiz	505.440	69.020	650	575.110
Mossoul.........	248.380	—	51.900	300.280
Sivas............	839.510	170.430	76.060	1.086.000
Trébizonde......	806.700	47.200	193.800	1.047.700
Van.............	241.000	80.000	109.000	430.000
	6.427.220	962.000	944.080	8.331.900

M. Ximénès, qui s'est appliqué à faire le dénombrement des Kurdes proprement dits, évalue leur total à 1,644,860, ce qui donne la répartition suivante pour ces 12 villayets :

Musulmans (Turcs, Arabes, Persans)...............	4.782.360
Kurdes (avec les Kizil-Bach).......................	1.644.860
Arméniens (grégoriens, catholiques et protestants)....	962.000
Autres peuples (Grecs, Latins, Chaldéens, Coptes et Yézidis)......................................	944.080
Total................	8.344.900

Si nous faisons un semblable calcul pour les 7 villayets de Trébizonde, Sivas, Erzeroum, Angora, Van, Diarbékir et Bitlis, que les journaux anglais désignent plus spécialement comme constituant le futur royaume d'Arménie, nous trouvons les chiffres suivants :

Musulmans	3.733.759
Arméniens grégoriens	817.710
— protestants	60.731
— catholiques	58.471
Grecs orthodoxes	352.512
— unis	380
Nestoriens	92.000
Chaldéens	41.440
Jacobites	51.298
Syriens	9.980
Yézidis	9.462
Coptes	372
Total des Musulmans	3.733.759
Total des autres religions réunies	1.497.359

c'est-à-dire que les Musulmans représentent les 11/15 de la population et tous les Chrétiens réunis 4/15 seulement ; parmi ceux-ci, les Arméniens grégoriens, les seuls qui soient en cause dans la question actuelle, ne figurent que pour 2/15 !

Singulier royaume d'Arménie, où l'élément arménien, celui qui aurait le pouvoir et commanderait les autres, formerait à peine le sixième de la population totale ! Cela nous promettrait une jolie série de déchirements, de dissensions et de luttes civiles. Se figure-t-on un royaume de France composé de 6 millions de Français et de 30 millions d'Anglais ou d'Allemands ? Voilà cependant à quelles conceptions absurdes arrivent les dillettanti politiques en chambre, lorsqu'ils négligent ou méconnaissent la logique irréfutable des chiffres !

C'est avec cet appât illusoire d'un royaume d'Arménie et d'une dynastie nationale que les Anglais ont essayé de leurrer les Arméniens d'Asie depuis le traité de Berlin. Déjà, à cette époque, les deux délégués de l'Eglise arménienne, inspirés par Nubar-Pacha, avaient présenté au Congrès des plénipotentiaires des sept grandes puissances (13 juin 1878) un projet stipulant que l'Arménie (c'est-à-dire à peu près les 7 villayets ci-dessus énoncés) serait administrée par un « Gouverneur général arménien » et posant des conditions pour la nomination des fonctionnaires, l'élection du Conseil général, la composition de la gendarmerie, etc., qui équivalaient à l'autonomie absolue de l'Arménie, c'est-à-dire à la subordination de 3,700,000 Musulmans à 800,000 Arméniens. Le gouverneur général désigné d'avance était Nubar-Pacha, auquel on faisait entrevoir que ce titre serait peu à peu remplacé par celui de Vice-Roi d'Arménie ; c'est pour cette espérance chimérique, pour ce mirage d'une couronne que, depuis seize ans, Nubar-Pacha s'est fait la créature docile et l'instrument de toutes les intrigues britanniques en Orient. C'est pour cela qu'il leur a livré l'Egypte et que, aujourd'hui encore, en dépit de la résistance patriotique du jeune khédive, il favorise l'asservissement progressif de la vallée du Nil et l'absorption de toute autorité indigène.

C'est un point que nous tenons à fixer, car il a échappé à l'attention de beaucoup de publicistes : il y a une corrélation étroite entre l'affaire d'Egypte et la question arménienne. C'est l'ambition de Nubar, habilement exploitée par l'Angleterre, qui a placé l'Egypte sous la protection de la reine Victoria, et les récents troubles en Anatolie n'ont pour but que de masquer le travail continuel de l'infiltration anglaise dans la vallée du Nil.

Au Congrès de Berlin, les plénipotentiaires reculèrent devant l'énormité de la décision qu'on essayait de leur arracher ; au lieu de stipuler la création d'un « Gouverneur général d'Arménie », ils rédigèrent le fameux article 61, dont voici la teneur :

« La Sublime-Porte s'engage à réaliser, sans plus de
» retards, les améliorations et les réformes qu'exigent les
» besoins locaux dans les provinces habitées par les
» Arméniens et à garantir leur sécurité contre les Circas-
» siens et les Kurdes. Elle donnera connaissance périodi-
» quement des mesures prises à cet effet aux puissances
» qui en surveilleront l'application. »

En apparence, cet article était un échec pour Nubar-Pacha et pour les Anglais ; mais que ne peut-on faire avec un article de traité lorsqu'on possède la manière de s'en servir ! L'Angleterre a su extraire de celui-là son installation en Egypte, l'acquisition de Chypre et un projet d'intervention dans les provinces de l'Asie-Mineure.

Tout récemment, le major Osman-Bey racontait, dans la *Gazette Universelle de Munich*, comment, en septembre 1887, eut lieu, à Genève, une réunion des notabilités arméniennes : Nubar-Pacha, Loris Mélikoff, Tigrane-Pacha et Boghos. Nubar-Pacha, qui venait de Londres, apportait la promesse du concours de ses amis d'Angleterre ; c'est alors que fut décidé l'envoi en Anatolie d'agents provocateurs chargés de susciter des émeutes et de créer une situation troublée qui faciliterait l'intervention de l'Angleterre chargée de surveiller l'exécution de l'article 61 du traité de Berlin. Il fut convenu aussi, à cette époque, que cette agitation serait soutenue par une campagne de presse en Angleterre et favorisée par la propagande des missions protestantes en Asie-Mineure.

Un mot sur ces dernières ; on sait que les convertisseurs bibliques sont en tout pays les émissaires chargés de préparer l'action politique ou diplomatique du Foreign-Office. Aussi vit-on, dans ces dernières années, se multiplier les conversions parmi les Arméniens — les Arméniens seulement — de la Turquie d'Asie ; on négligea les Grecs, les Jacobites et les Syriens ; mais rapidement le nombre des Arméniens convertis au protestantisme atteignit le chiffre de 60,000. Pour arriver à ce résultat, les missionnaires faisaient luire aux yeux des naïfs Arméniens les bénéfices immenses de la protection anglaise qui s'étend sur tous les protestants du monde et qui permettrait à ces pauvres gens de se rire des exigences des fonctionnaires turcs et de la rapacité des collecteurs d'impôts. Ce sont là des moyens de prosélytisme très efficaces ; mais il semble qu'ils n'aient pas encore été jugés suffisants : car dans les réunions évangéliques de Londres on a discuté des budgets établissant que chaque conversion d'Arménien était payée 5 livres par les Comités de propagande ; le plus curieux c'est que les feuilles indiscrètes révèlent que les missionnaires bibliques ne remettent que 2 livres au catéchumène et empochent le surplus, ce qui doit singulièrement stimuler leur ferveur apostolique.

C'est par l'intermédiaire de ces groupes arméniens protestants que s'est effectuée, ainsi que nous le dirons plus loin, la propagande séditieuse, et les chefs de la faction appartenaient presque tous à cette secte.

En même temps, la presse anglaise commençait à accentuer ses lamentations désespérées et ses déclamations en faveur des « Arméniens opprimés ». Le *Daily News*, le

Daily Télégraph, le *Times*, le *Standard*, le *Daily Chronicle*, le *Pall Mall Gazette*, le *Manchester Guardian*, le *Globe*, le *Star*, etc., partaient en campagne et adoptaient un langage qui progressivement passait du ton élégiaque aux invectives les plus insultantes contre la Turquie et contre son souverain. La base de l'argumentation consistait à collectionner tous les délits et crimes de droit commun, tous les actes de brigandage, toutes les rixes locales et à les présenter au public comme des actes de persécution contre les pauvres Arméniens, victimes de la férocité des Musulmans en général et des Kurdes en particulier. « A-t-on jamais vu », dit avec beaucoup de raison M. Ximénès, « quelqu'un en Europe s'aviser d'extraire « des rapports de police tous les meurtres, enlèvements et « vols commis par les particuliers dans une ville donnée, « durant une période déterminée et en tirer la conclusion « que la susdite ville est exclusivement composée de bri- « gands et de meurtriers ! » Tel est pourtant le système de raisonnement qui a été employé contre les Turcs, non sans un certain succès.

Quant au Sultan, si on veut relire la collection des journaux anglais depuis huit ans, on se convaincra facilement qu'aucun souverain en Europe n'a été aussi injurié, aussi calomnié, aussi vilipendé dans sa vie publique et dans ses affections privées ; la dépense d'insultes qu'on a faite à son égard, est inimaginable, et ce parti-pris de grossièreté, systématiquement malveillante, finit par fatiguer le lecteur, surtout quand on réfléchit qu'il s'agit d'un monarque aussi doux, aussi sage, aussi laborieux qu'Abd-ul-Hamid. ??!!! *

Dans cette besogne peu distinguée, les journaux anglais étaient d'ailleurs aidés par quelques publications purement arméniennes, telles que : *le Haiasdan*, fondé à Paris

* Dis-nous la vérité combien tu a reçu de l'argent de ton frère sultan rouge pour le défendre ?

par Broussali et transféré à Londres en 1888 ; *l'Arménie*, publiée à Londres par Minas Tcheraz, qui, grâce à ses relations avec quelques membres du Parlement, avait pu se faire nommer professeur d'arménien au Cambridge College. Pour compléter cette liste, nous devons citer *le Haik* et *le Surhantak*, de New-York ; *le Trochak*, de Tiflis ; *l'Arménie*, fondée à Marseille par Portukalian, enfin le *Hintchak*, dont nous aurons à parler en détail.

Nous ne mentionnons pas deux ou trois feuilles minuscules qui ont bourgeonné à Paris, dans un but de vengeance ou de chantage contre le gouvernement Turc, et qui se sont attachées à « la question arménienne » comme elles auraient défendu « la question Kurde », si celle-ci leur avait semblé devoir être plus désagréable au Sultan et à ses ministres. Ces folioles très intermittentes se bornent d'ailleurs à décalquer ou à démarquer les articles des journaux anglais dont elles font le jeu, plus ou moins innocemment, au milieu de la plus inaltérable indifférence du public français.

IV

Le Comité anglo-arménien de Londres et les éléments insurrectionnels. — Membres du Parlement dans le Comité révolutionnaire. — Le Comité anarchiste arménien Hintchak. — Statuts, règlements, but. — Qu'en pense M. Gladstone?

Le centre actif de la propagande arménienne a été le Comité établi à Londres, d'abord sous le nom de « Société arménienne », et plus tard sous le titre plus significatif de « Association anglo-arménienne ».

Ce Comité a pris naissance à Londres, il y a treize ans environ, à la suite des publications de Garabed Agopian et des articles de Mighirdicht Portukalian, le même qui, encouragé par le directeur de l'école arménienne « Annibal » de Heft-Van en Perse, fonda ensuite le journal « *l'Arménie* », à Marseille.

Une Société de douze membres fut formée à Londres et reçut bientôt l'adhésion de quelques lords, de membres du Parlement, de journalistes, etc.

Disons tout de suite que ce Comité anglo-arménien n'est qu'une forme, une modalité d'un groupe que nous appellerons de son véritable nom « Comité insurrectionnel anglo-ottoman ».

En effet, cette coalition comprend, outre quelques Arméniens, tels que Tchérasian, Agopian, Broussali, Sevasli,

Thoumayan, un bon nombre d'autres personnages turbulents qui n'ont rien d'Arménien ni dans l'origine ni dans les idées ; tels sont quelques Egyptiens qui ont « opté » pour les bienfaits de l'occupation anglaise, quelques mécontents syriens, dont l'un notamment, Sélim Faris, inonde de fascicules séditieux les rivages de la Syrie, de l'Arabie et de l'Egypte ; quelques fonctionnaires turcs qui se sont expatriés pour éviter les foudres de la justice; quelques Ottomans faméliques qui se sont décerné à eux-mêmes le titre pompeux de : « Parti constitutionnel Ottoman »; des agitateurs crétois ou macédoniens en disponibilité venus chercher des subsides pour une nouvelle « entreprise » ; enfin des aventuriers orientaux qui sont alternativement ou même simultanément Arméniens, Crétois, Syriens ou Macédoniens, mais dont personne ne connait l'origine ni la religion, véritables agents provocateurs toujours prêts à aller susciter des troubles sur un point quelconque de l'Empire ottoman.

Ces éléments orientaux sont venus s'agglomérer autour d'un groupe purement anglais qui possédait le fameux nerf de la guerre dont la plupart de ces chercheurs d'aventure étaient totalement dépourvus ; nous avions donc raison d'appeler cette coalition « association anglo-ottomane » ; c'est bel et bien une société dans laquelle chacun a fait son apport, les Anglais ont baillé les fonds, les Orientaux leur mauvaise humeur.

Parmi les personnages britanniques qui ont prêté leur concours — et sans doute autre chose — au Comité anglo-arménien, nous trouvons : Stevenson, membre du Parlement et président du Comité ; Ed. Atkin, trésorier ; J. Bryce, membre du Parlement et ancien sous-secrétaire d'Etat dans le ministère Gladstone ; le duc d'Argyll, le duc de Westminster, lord Rondel, lord Kimberley, sir A.-D. Hayter, C.-E. Schvaun, sir G. R. Sitwell, sir John H. Kennavay, F.-A. Channing, tous membres du Parlement ; le Rév. Stephen Gladstone, recteur de Hawarden ; le chanoine Mac Coll, le Rév. John Clifford, etc., etc. On sait, d'ailleurs, que M. Gladstone lui-même, dont on connaît la haine chronique contre les Turcs, avait accepté le haut patronage du mouvement arménien et qu'il n'a manqué aucune occasion d'approuver publiquement cette tentative de guerre civile et d'attiser, malgré son grand âge, le commencement d'incendie qui risquait d'embraser tout l'Orient.

L'élément politique anglais a pris même, ces dernières années, une telle extension dans l'association que les quelques Arméniens du Comité, se voyant débordés et absorbés, ont songé plusieurs fois à se séparer et à se reconstituer en groupe patriotique arménien ; mais il était trop tard : la Grande-Bretagne les avait enrôlés, et d'ailleurs l'argent leur faisait défaut. C'est en vain qu'ils adressèrent un appel à tous les riches Arméniens du monde entier sollicitant de chacun une souscription de 50 livres ; le résultat ne répondit pas à leur attente.

C'est dans cette coalition hétérogène que s'élaborent toutes les publications turcophobes dont l'Europe a été inondée ces dernières années ; c'est là que naquit en 1892 le journal la *Turquie Libre*, organe du parti constitutionnel ottoman (!) dans le but apparent de réclamer la résurrection de la fameuse Constitution de 1876, dont le trépas a laissé l'Angleterre inconsolable : c'est là que s'envolent de temps à autre les nuées d'opuscules dans lesquels Sélim Faris cherche à exciter les Arabes contre les Turcs et à contester le pouvoir khalifal du Sultan,

Vous le savez par vous même!

thèse qui fait admirablement l'affaire des Anglais, désireux, avant tout, de briser les derniers liens qui attachent l'Egypte à la Turquie et de posséder au Caire un Khalife qui soit sous leur dépendance ; c'est de là qu'émane un petit journal arabo-anglais intitulé le *Huriet* (Liberté), dirigé par Djiwanpire et chargé de propager les théories de Sélim Faris ; puis un autre journal en arabe et en anglais, le *Muchir*, que publie à Alexandrie un certain Serkis, chargé d'inculquer aux Egyptiens le mépris du gouvernement Turc et l'admiration des protecteurs britanniques ; sans parler d'une foule de publications éphémères, tantôt mélancoliques, tantôt violentes, qui viennent, à de certains intervalles, crever, comme des bulles de gaz, à la surface du marécage politico-littéraire où barbotent ces pêcheurs en eau trouble.

Il est possible que le Comité anglo-arménien fût demeuré purement théorique et ne sortît guère de la tactique des insultes à distance et de la pleurnicherie sur place, s'il n'avait trouvé un élément exécutif et militant dans le comité « Hintchak », dont les tendances révolutionnaires étaient beaucoup plus accentuées.

C'est en 1887 que les anarchistes arméniens Rupen Han Azadian dit Kambour, Nichan Magavourian, Hamayak Kouchbazian formèrent clandestinement, dans une maison du quartier Havlapan, à Tiflis, une société sur le modèle des sociétés nihilistes russes, sous le nom de Hintchak, avec mission de publier un journal sous le même titre. La direction en fut confiée à un nommé Nasarbékian Léon, qui, arrivé de Suisse, rentra à Genève, où il commença la publication de sa feuille révolutionnaire. Plus tard, il transféra le siège de celle-ci à Athènes, afin d'avoir plus de facilité pour la faire pénétrer en Turquie. Expulsés d'Athènes, les directeurs du *Hintchak* vinrent ensuite s'installer à Londres, où ils continuèrent depuis à éditer leur fameux journal insurrectionnel.

Pour donner une idée bien précise du but poursuivi par le comité Hintchak, il n'y a rien de mieux que de donner la traduction littérale de différents programmes, manifestes ou libelles qui ont été, à diverses époques, imprimés à Londres ou à Genève.

Voici d'abord quelques extraits d'une brochure en deux parties publiées à Londres en 1889, sous le titre « Courant nouveau » et « Lettre ouverte », par le Comité Hintchak.

Page 19, nous lisons ceci :

« Avant tout, il est notoire que nous sommes *anarchistes* et que nous avons un désir sérieux qui est inscrit dans nos programmes : nous nous proposons de provoquer l'*anarchie* en Anatolie : tel est notre but essentiel. Pour l'atteindre, nous avons résolu de fonder dans l'Anatolie un gouvernement national indépendant et de *susciter des troubles immédiats*, afin d'obtenir les libertés politiques les plus étendues. »

Dans la vingtième page, l'anarchiste, s'adressant à l'interlocuteur supposé qu'il veut convertir, continue ainsi :

« Croyez-vous que nous voulons nous séparer de la Turquie pour que la Turquie appartienne au Turc et l'Arménie aux Arméniens ? Nous ne sommes pas aveuglés par un *patriotisme aussi ridicule.* Pensez-vous que nous allons nous délivrer de la domination des Turcs dans l'espoir de mettre à notre tête un souverain arménien ? Du moment que nous serons gouvernés par un souverain ou une Constitution et que l'administration qu'on nous donnera sera analogue à celle des Turcs, nous n'avons pas besoin d'une pareille indépendance politique ni d'une semblable liberté nationale. »

Et plus loin, page 24 :

« Du moment que ce gouvernement sera constitutionnel, nous nous trouverons dans les mêmes conditions que les Serbes et les Bulgares et ce serait toujours la même chose, c'est-à-dire les *riches en paradis et les pauvres en enfer.* »

On voit déjà par ces extraits quel chemin rapide a été parcouru par les agitateurs arméniens : nous voilà loin de l'article 61 du traité de Berlin et de la conception d'une vice-royauté d'Arménie, gouvernée par Nubar-Pacha : tout cela ne suffit pas aux Hintchakistes qui veulent, d'un seul coup, implanter le socialisme et l'anarchie en Asie-Mineure. Qu'on ne dise pas que c'est là une pure conception philosophique : car on verra que ce sont les Hintchakistes qui ont préparé et organisé les échauffourées de Koum-Kapou, Yuzgat, Marsifan, Césarée, et fomenté la rébellion de Sassoun; or ce sont ces divers incidents qui, défigurés et agrandis par les journaux anglais, ont fourni à ceux-ci le thème nécessaire pour couvrir d'opprobres et de malédictions le gouvernement turc et l'administration ottomane.

Mais continuons encore l'examen des doctrines hintchakistes; on ne pourra plus contester qu'elles ne respirent le socialisme le plus pur :

[Page 887.] « Pourquoi les fabriques, les machines, ainsi que tous les outils nécessaires à l'industrie seraient-ils la propriété des riches? Ces outils sont tous employés par les mains des pauvres et *doivent par conséquent être à eux.* Chacun a le droit de vivre sur une terre à soi. Pourquoi alors la terre est-elle la propriété de quelques riches, chez lesquels la majorité du peuple est obligée d'aller travailler à la journée ? Toutes les terres doivent *être prises à ceux qui les possèdent pour être ensuite distribuées en parts égales à tous.* »

Dans la brochure intitulée le *Courant nouveau,* nous rencontrons le passage suivant :

« Les idées anarchistes sont en train de pénétrer parmi les Arméniens. Il est hors de doute que ces idées guériront ceux qui ont l'esprit malade. »

Plus loin, l'auteur explique le but de l'anarchie :

« L'objet principal de l'anarchie est de ravir par la révolte les rênes du gouvernement des mains des souverains pour instituer la liberté politique ; d'arriver ensuite à arracher aux capitalistes le *commerce, l'agriculture et les autres instruments de richesse, tels que les fabriques, les bateaux, les chemins de fer* pour les affecter au peuple dont ils seraient la propriété. »

Ailleurs, il est dit que les agitateurs, en excitant les Arméniens à la révolte, poursuivent deux buts qu'ils intitulent : *but rapproché* et *but éloigné.* Le premier consiste à fomenter, coûte que coûte, une révolution, tandis que le second vise surtout à faire entrer dans les esprits, à la faveur des troubles, la doctrine anarchiste.

La brochure conclut en disant que lorsque ce but sera réalisé « les jeunes Arméniens se précipiteront dans les champs de bataille sans avoir pitié d'eux-mêmes ni des autres et feront flotter leur bannière ensanglantée sur les localités habitées par les Arméniens en poussant le cri : « Vive l'anarchie et la révolution sociale ! »

D'ailleurs les mêmes principes sont développés tout au long dans le « programme du Comité hintchakiste » Le « Règlement organique » est précédé d'un préambule dans lequel on dit que, dans tous les pays, la richesse et la prospérité sont le résultat du travail des prolétaires et qu'il serait donc juste de leur remettre le pouvoir. « Le but du Comité hintchakiste est l'anarchie. »

On explique ensuite comment, après avoir réalisé le *but rapproché*, c'est-à-dire la révolution dans les localités habitées par les Arméniens, il faudra procéder ensuite pour atteindre le *but éloigné* qui est l'anarchie. On détaille ensuite la manière d'organiser un état anarchiste, comment il faut effectuer les élections, former les Assemblées et quels sont les droits à accorder aux prolétaires. Vient enfin l'énumération des doctrinaires anarchistes les plus célèbres et l'exposé des moyens qu'ils ont employés pour susciter des troubles.

Les articles 1, 2, 3, 4, 5 du règlement organique n° 3 ont trait aux élections.

L'article 6, assez curieux, dit ceci :

« Article 6. — Le Comité doit nommer un espion en chef choisi dans son sein. Cet espion en chef devra être *fonctionnaire de l'Etat* ou, tout au moins, être en rapport avec un *fonctionnaire arménien*, afin de pouvoir communiquer au Comité les secrets et intentions du gouvernement.

» Il devra être brave et discret ; il aura sous ses ordres une brigade de dix hommes recrutés parmi les membres de l'association. Cette brigade aura pour devoir de prévenir les dangers auxquels serait exposé le Comité.

» Ces agents secrets devront pénétrer partout, sous des déguisements variés. Ils prépareront leurs plans dans le mystère, et le Comité ne connaîtra que leur chef. »

L'art. 7 prévoit la création d'orateurs populaires.

« Art. 8. — Le Comité aura un *exécuteur* en chef ayant sous ses ordres un détachement d'aides. Leur devoir sera d'exécuter, sur les ordres du Comité, les initiés et les étrangers qui seraient considérés comme nuisibles.

» Il y a trois sortes de punitions : la réprimande, la bastonnade et la mort. La peine de mort s'exécute par trois moyens : le poignard ou revolver, la strangulation, le poison.

» Pour faire sauter les maisons et autres édifices, il faut avoir recours : 1° aux bombes de dynamite ; 2° à la dynamite liquide ; 3° aux engins incendiaires chargés de poudre.

» Art. 9. — Le Comité doit disposer de quelqu'un qui commandera une fraction et qui s'occupera à semer le trouble et à exciter les faibles contre les forts pour arriver au soulèvement général. Cet homme ne doit agir que sur les ordres du Comité.

» Art. 10. — Il faut qu'il y ait un gardien d'armes intelligent et brave, cette charge étant la plus importante et la plus dangereuse. Son devoir sera de garder soigneusement et sans en donner connaissance à personne toutes les armes (Martini, Winchester, revolvers, sabres, poignards), ainsi que les cartouches, la poudre, etc.

» Cet employé doit tenir un inventaire de ces armes

pour faciliter le contrôle qui doit se faire chaque trois ou quatre mois. Le dépôt d'armes et de munitions ne doit pas être situé plus loin qu'à une distance de deux ou trois heures de la ville. Il sera bien gardé afin que les armes ne tombent pas entre les mains du gouvernement. »

Les art. 11 et 12 sont relatifs à la création d'une bibliothèque et aux relations avec les anarchistes de tous pays.

Outre ces statuts, des instructions ont été adressées aux Comités révolutionnaires ; en voici les passages essentiels :

« La population arménienne prêtera serment sur sa liberté et sur sa prospérité et les membres sur leur honneur, âme, vie, conscience et affections, en vue d'appartenir, jusqu'à la dernière minute de leur vie, au *drapeau rouge hintchakiste* et de consacrer à ce but toutes leurs facultés et capacités.

» DE L'EXÉCUTION DES OPÉRATIONS RÉVOLUTIONNAIRES

» I. Protéger les habitants par les armes quand la nécessité s'en fera sentir. On exécutera ces actes à l'époque de la *perception des impôts*, époque à laquelle les habitants des villes sont en relation avec les villageois.

» II. Eviter de cette manière l'hostilité de la *population turque* contre les révolutionnaires arméniens et obtenir, le cas échéant, son aide et son appui. Pour mieux faire comprendre à la population turque le but essentiel des Arméniens, il faut en protéger *une partie contre le gouvernement*.

» III. Créer des liens *d'amitié et de bonnes relations avec les Kurdes et les Tcherkesses*, ainsi qu'avec ceux qui peuvent prêter aide à la cause révolutionnaire.

» IV. Assaillir les gardes chargés du transfert des condamnés politiques d'un lieu à un autre.

» V. Attaquer les dépôts d'armes et de grains pour s'en rendre maître et les konaqs (palais) des Valis (gouverneurs de provinces), Mutessarifs (gouverneurs de district), Kaïmakans (gouverneurs d'arrondissement) pour diminuer la force du gouvernement et causer des troubles en éloignant provisoirement les fonctionnaires.

» VI. Prendre d'assaut les prisons afin de délivrer les condamnés politiques. »

Explication relative au § V :

« Pendant l'exécution des actes prévus dans cet article, il faut incendier les établissements publics et capturer de hauts fonctionnaires pour lesquels il faut exiger, à titre de rançon : 1° la mise en liberté des révolutionnaires emprisonnés ; 2° le paiement de rançons considérables ; 3° la livraison d'armes, munitions, chevaux, sous prétexte de punir et de pourchasser les malfaiteurs. Il faut mettre en demeure les capturés de fournir des secrets d'Etat, tels que plans de forteresses, prisons et autres édifices, et, dans le cas où la demande du Comité serait refusée et une force armée dirigée contre lui, *décapiter immédiatement les capturés* et envoyer partout des lettres de menace. »

D'autres circulaires trouvées sur des insurgés sont relatives à la formation des Sous-Comités et à leurs rapports avec le Comité central.

Toutes ces pièces ont figuré dans les divers procès qui ont été jugés soit devant la Cour de cassation de Constantinople, soit devant les Cours d'appel. Les plus importantes ont été saisies en présence des fonctionnaires de l'Ambassade et du Consulat général de Russie à Constantinople, dans le domicile d'un certain Badrikoff, qui était le président du Comité exécutif de Constantinople.

D'autres documents non moins significatifs furent trouvés en décembre 1894 sur un nommé Vartan Papasian, anarchiste arménien du Comité de Genève, qui fut arrêté à Galatz par les autorités roumaines. Ils ont été publiés par les journaux de Bucarest. Le *Tzara* du 14 décembre 1894 ajoutait :

« Papasian, un des agitateurs arméniens, est court de taille, bien bâti et parait brave. Outre sa langue maternelle, il parle l'anglais et le français.

» On a saisi sur lui en original et en traduction les ouvrages de Kropotkine, Reclus, Jean Grau, Malatesta, etc. Parmi ces pièces se trouvaient aussi beaucoup de lettres de jeunes anarchistes roumains. Le plus important de ces papiers est un plan détaillé relatif à la création *d'un centre anarchique en Orient.* Il ressort de ces papiers qu'on a l'intention de former des *agences anarchistes à Galata, à Sofia, à Varna* et dans d'autres villes de la presqu'île des Balkans, ainsi qu'en Russie. Une telle agence existe déjà à Roustchouk, etc. »

Ces détails sont confirmés par le *Constitutionül* du 9/21 décembre 1894 et le *Rispoël* du 16 décembre 1894. Ils sont très intéressants parce qu'ils révèlent la création de foyers insurrectionnels en Bulgarie et on ne saurait douter que le *mouvement macédonien,* dont nous parlerons plus loin, ne soit l'œuvre de ces Comités.

Dès à présent, nous sommes en mesure de conclure qu'il y a une étroite parenté et une communauté d'origine entre la « question arménienne » et la « question macédonienne » ; toutes deux sont destinées à agiter et fatiguer l'Empire ottoman et toutes deux ont leur foyer commun à Londres.

Ce Vartan Papasian était porteur d'une lettre écrite par l'administration du journal *Hintchak* de Londres, dans laquelle on invitait les Arméniens à avoir pleine confiance dans le porteur. Il était accompagné d'un certain Stoïanof, anarchiste bulgare, qui, après avoir été condamné à deux ans d'emprisonnement en France et chassé de Suisse et de Belgique, était revenu s'installer en Roumanie. C'était Stoïanof qui avait fourni à Papassian l'argent pour se rendre à Constantinople.

Tous deux furent expulsés de Roumanie : Vartan Papasian se rendit à Londres et Stoïanof à Routschouk. Nous retrouverons celui-ci, quelques mois plus tard, à la tête d'une bande de « Macédoniens » qui, formée à Philippoli, fut dispersée près de Sofia par la gendarmerie bulgare.

Le manifeste saisi sur Papasian ne diffère guère de ceux que nous avons déjà cités : seulement, dans les statuts organiques, nous relevons une clause trop originale pour ne pas être citée :

« Art. 1. — A l'avenir, les employés arméniens chargés de l'administration seront nommés par voie de *tirage au sort* parmi les habitants de toutes les villes et de tous les villages. »

Nos excellents socialistes n'ont pas encore songé à celle-là ! Voit-on un cantonnier devenir préfet par la grâce du tirage au sort et un percepteur transformé subitement en général d'artillerie ?

Le manifeste ajoute qu'il s'agit de délivrer les Arméniens, les Yézidis, les Kurdes et les *Musulmans paisibles :*

on mesure du coup l'extention inattendue qu'avait pris la « question arménienne » ; ce n'est plus de l'indépendance d'une seule race qu'il s'agit, mais d'une révolution sociale mettant tout l'Orient à feu et à sang.

S'il restait encore quelque doute à cet égard, nous rapellerions un discours prononcé à Algen, près de Boston, par Nichan Garabédian, dans un meeting tenu à l'occasion de l'anniversaire de l'émeute de Koum-Kapou et des fêtes qu'on célébrait à ce propos à New-York. Garabédian déclare que le mariage, la religion et le gouvernement sont des charges pour l'humanité et il en demande l'abolilition. Cette harangue a été publiée avec enthousiasme par le journal révolutionnaire arménien du 25 août 1894.

On voit quels hommes et quelles théories se sont abrités et ont agi sous le patronage et avec le concours de M. Gladstone et d'autres parlementaires libéraux anglais.

Nous sommes persuadé que ceux-ci ne se sont jamais rendu compte des conséquences de leur protectorat imprudent ; mais il n'en est pas moins vrai que, en se prêtant complaisamment à des combinaisons insurrectionnelles, dans lesquelles ils croyaient voir un profit possible pour l'influence et la puissance de l'Angleterre en Orient, ils ont favorisé des menées dirigées contre la société, les lois et le droit des gens.

Et leur complicité a été trop ostensible pour qu'elle puisse être niée aujourd'hui. Sur beaucoup d'insurgés, on a trouvé des lettres d'encouragement, compromettantes pour de grands personnages britanniques. On sait aussi que la police turque saisit une lettre envoyée par le Comité de Londres au chef des Comités révolutionnaires en Turquie, lequel chef n'était autre qu'un prélat arménien ; cette lettre contenait, outre des instructions, la promesse réitérée du secours de l'Angleterre.

De plus, les journaux arméniens de Londres ont publié tout au long les noms des personnages anglais qui avaient promis leur appui aux conspirateurs arméniens. D'ailleurs, les déclarations imprudentes de M. Gladstone, les démarches faites auprès de lui par les Comités arméniens, la coupe d'or qui lui a été remise au nom des rebelles, les meetings solennels tenus à Londres, et, plus que cela, les injures et les calomnies systématiques de la presse libérale anglaise depuis six ans contre la Turquie et le Sultan, tout cela n'atteste-t-il pas suffisamment l'impulsion considérable que le monde politique de Londres a donnée à cette entreprise équivoque qui s'appelle, par euphémisme, la *question arménienne ?*

V

La propagande par le fait. — L'émeute d'Erzeroum. — L'échauffourée de Koum-Kapou. — Chûte du cabinet Salisbury. — Accalmie en Arménie. — Intrigues anglaises au Yemen.

Nous venons d'étudier les théories des Comités hintchakistes : nous allons maintenant voir comment ces principes ont été mis à exécution.

La politique d'action — le « geste », comme disent les anarchistes de distinction — avait été préparée en 1888 et 1889 en Angleterre par une campagne de presse très violente. Après avoir d'abord attaqué le gouvernement turc en général, le *Daily Chronicle*, le *Daily Télégraph*, le *Times*, le *Pall Mall Gazette*, même le *Standard*, concentrèrent leur feu directement sur la personne du Sultan Abd-ul-Hamid; il n'était plus question que de délations, de culs de basse-fosse, d'exécutions clandestines, d'empoisonnements, enfin de toutes sortes de choses moyen-âgeuses, bien risibles pour quiconque connait un peu Constantinople.

M. Gladstone, qui aspirait déjà à monopoliser, au profit du parti libéral, l'agitation arménienne, prononçait des paroles dans le genre de celles-ci : « La mauvaise administration de la Turquie constitue un danger imminent pour la paix de l'Europe. » (Décembre 1889.) En réalité, cette assertion n'était qu'une réponse à une phrase de lord Salisbury, alors premier ministre, citant en plein Parlement (mai 1889) les rapports d'agents consulaires britanniques qui démentaient la plupart des allégations des Comités arméniens et établissaient — aveu à retenir — que le meilleur moyen d'aboutir rapidement à un résultat pratique serait de ne pas contrecarrer les efforts de la Porte.

Naturellement, la presse libérale anglaise répondit par un redoublement de violences qui trouvèrent bientôt un champ très propice pour se donner une longue et bruyante carrière dans le procès du fameux brigand Moussa-Bey. Si ce Cartouche oriental avait été Grec comme son compère l'illustre Athanase, ou Arménien comme Boyadjian, on n'eût certes point fait tant de tapage à Londres; mais Moussa-Bey était Kurde et, bien qu'il n'eût pas plus épargné les Musulmans que les Chrétiens, il fut, bon gré mal gré, transformé en personnage politique. On vit l'ambassadeur d'Angleterre, sir William White, intervenir dans l'instruction, tancer la magistrature et expédier à lord Salisbury des notes diplomatiques sur les incidents d'audience; enfin on chercha, par tous moyens, à arracher aux tribunaux turcs une sentence qui servît à justifier les doléances du Comité anglo-arménien (janvier et février 1890).

Pendant que les feuilles anglaises s'acharnaient à transformer en monstres légendaires les Kurdes qui, n'ayant pas de journaux, ne pouvaient répondre, survint une aventure, qui était la première du genre, mais ne fut pas la dernière, tant s'en faut : le 25 juin 1889, le gouverneur de Van, informé qu'une bande de huit *brigands kurdes* commettaient des dévastations dans la commune de Hékiari, envoya contre eux les gendarmes. La lutte fut acharnée : après avoir blessé grièvement deux gendarmes, les brigands se sauvèrent, laissant deux des leurs sur le terrain. On découvrit alors que ces Kurdes n'étaient que des *Arméniens déguisés;* l'un d'eux fut reconnu pour un nommé Garabed Kolaksizian, ancien maître d'école dans la province de Van. Il était porteur de lettres signées par des Arméniens du Comité de Londres et de Marseille.

L'une de ces lettres, datée du 25 avril, portait ce qui suit : « J'ai raconté ici (à Londres) les efforts que vous faites pour créer une association : c'est une excellente idée. Ne dévoilez à personne l'existence de cette association. »

La seconde lettre, datée du 27 avril, était ainsi conçue :

« J'ai reçu et publié votre lettre dans notre journal arménien. Tenez-moi au courant de ce qui se passe là où vous êtes et dans les environs et surtout des affaires du villayet de Van. Nous avons constitué ici une Société sous ce nom : « l'Ami de la Patrie ». Il faut que vous nous recrutiez des adhérents pour cette association ».

Les journaux de Londres se gardèrent de raconter ce fait qui, du reste, s'est renouvelé un grand nombre de fois : pour ne pas prolonger une énumération fastidieuse, je rappellerai seulement les condamnations de Hadji Haloust, Zackar Kolakjian et deux autres déguisés en *Lazes* pour attaquer le Kaïmakan de Refahié ; de Evakim Oglou Vartan, aussi déguisé en *Laze* pour assassiner un nommé Ali ; de quatorze Arméniens appartenant au Comité hintchakiste de Tokat, travestis en *Géorgiens* pour égorger le Dr Joseph (Arménien catholique), Tatar Mehemmed Effendi et un sergent de gendarmerie ; de Diran Oglou Bagdassar et de six autres habillés en *Géorgiens* pour tuer trois de leurs compatriotes ; de trente-huit Arméniens de Souchehri et Kara Hissar Charki, travestis en *Lazes* pour attaquer le domicile d'Essad Agha et tuer son domestique ; de Zadokian et six autres, habillés en *Géorgiens*, pour détrousser la malle-poste de Maaden et fusiller le postillon ; de Tchoulla Avadis Oglou et seize autres déguisés en *Kurdes* pour massacrer, avec des raffinements de cruauté inouïs, neuf Kurdes du monastère de Déïr et violer deux jeunes Arméniennes ; Mardiros Oglou Thomo et vingt-deux autres déguisés en *Kurdes* pour égorger un caporal, un coldji (employé de la Régie) et deux soldats ; Arab Kizil et plusieurs autres portant l'uniforme des officiers *turcs*, etc., etc. Lors des troubles de Marsifan, six des insurgés arméniens arrêtés, porteurs de manifestes séditieux, d'affiches et d'engins explosifs, avaient revêtu un déguisement *Laze* : Agop, espion du Comité révolutionnaire, était habillé en hodja (maître d'école) turc.

Cette récapitulation un peu aride nous paraît cependant utile parce qu'elle révèle une des plus perfides manœuvres imaginées par les Comités arméniens de Londres afin de jeter tout l'odieux de leurs crimes sur les Kurdes et les Musulmans et de fournir des arguments aux littérateurs de la campagne atrocitaire, parmi lesquels le *Daily News* occupait le rang le plus éminent. On peut dire que chacun de ses numéros contenait une rubrique spéciale consacrée aux « atrocités arméniennes ». Nous n'avons aucune intention de suivre pas à pas cette interminable succession de diatribes déclamatoires où l'on rencontre parfois de risibles minuties : moutons volés à un pâtre arménien, contrebandiers arrêtés par la police, jeunes filles enlevées par leurs amoureux, etc. ; on fait argument de tout et pas un délit ne se commet sans que la presse anglaise n'en rende responsable le gouvernement turc et le Sultan.

Mais nous entrons alors dans une période d'événements plus sérieux et mieux caractérisés. Le premier fut l'incident d'Erzeroum (20 juin 1890). Ayant appris que l'on cachait des armes dans l'école Sanassarian et l'église arménienne de cette ville, le gouvernement, escorté de quelques officiers de police, procéda à une perquisition avec l'assistance du vicaire du patriarcat et du directeur de l'école. Rien de suspect ne fut trouvé et l'autorité se retira donc sans inquiéter personne. Mais le lendemain les Arméniens, très surexcités par les suggestions de quelques meneurs, se réunissent en groupes menaçants, ferment leurs boutiques et, au nombre de près de *trois mille*, vont occuper le cimetière voisin de l'Evêché en poussant des cris menaçants. Le gouverneur envoie la police pour rétablir l'ordre ; au moment où les soldats passent devant l'église, les mutins font feu sur la patrouille, tuent un soldat et en blessent quatre autres. Il en résulta une panique indescriptible ; du haut des maisons, les Arméniens tiraient des coups de revolver et lançaient des pierres dans la rue : les Turcs des quartiers voisins entendant la fusillade courent aux armes et donnent la chasse aux révoltés qui se réfugient dans les consulats et les khans habités par les Persans : huit Arméniens furent tués et dix blessés ; soixante reçurent des contusions dans une poussée qui se produisit à la sortie de l'église : les Musulmans comptaient deux morts et quarante-cinq blessés à l'arme blanche ou par des coups de bâton. L'enquête qui eut lieu ensuite démontra que la révolte avait été provoquée par seize Arméniens, dont quatorze instituteurs, qui furent arrêtés et jugés : tous appartenaient au Comité révolutionnaire.

Peu de temps après (27 juillet) se produisait à Constantinople même l'échauffourée de Koum-Kapou. Celle-ci fut organisée par le fameux Hamparsoun Boyadjian, ancien élève des écoles méthodistes américaines, dont nous aurons souvent l'occasion de reparler et par d'autres membres du Comité hintchakiste de Constantinople : Mihran Damadian, Kirkor Klindjian, Kasanian, Mathass, etc. Voici, en substance, le résumé de cet incident : pendant l'office religieux à la cathédrale arménienne de Koum-Kapou, un jeune homme escalada la chaire et commença à lire un réquisitoire très violent contre le patriarche, sommant celui-ci de se mettre à la tête d'une bande de manifestants pour aller porter une pétition au Palais. L'archiprêtre Soukias voulut faire descendre de chaire l'orateur et le poussa par l'épaule ; mais celui-ci opposa une vive résistance et tira deux coups de revolver sur le prêtre. Le patriarche épouvanté se sauva dans la sacristie, tandis que des gendarmes turcs, attirés par le vacarme, entraient dans l'église pour rétablir l'ordre : aussitôt quelques jeunes Arméniens sortent leurs couteaux et une vingtaine d'autres braquent des revolvers sur les soldats ; bien que plusieurs de ces derniers eussent été grièvement blessés, ils se retirèrent sans faire usage de leurs armes contre les rebelles ; alors ceux-ci, revenant à leur première idée, envahissent le palais patriarcal, brisent les portes et les fenêtres à coups de pierres et, s'emparant du patriarche Mgr Archikian, veulent le contraindre à les conduire au Palais. Le prélat parvient encore à se dérober aux forcenés ; quelques furieux le rejoignent dans une pharmacie où il s'était caché et, le tirant par la barbe, l'obligent à monter dans une voiture avec trois des leurs. La gendarmerie accourt alors et délivre le patriarche sous une grêle de pierres qui blessent plusieurs soldats ; le chef des émeutiers tue lui-même l'officier ottoman qui commandait le détachement et tombe aussitôt percé de coups. Enfin, les troupes de renfort arrivent de toutes parts et entourent les insurgés qui ne tardent pas à se disperser. Pour donner une idée de la manière dont les événements furent travestis par les journaux anglais, il nous suffira de dire que ceux-ci racontèrent que la fusillade avait duré *deux heures* et aurait été suivie d'une charge à la baïonnette ; or, il fut constaté que trois émeutiers seulement avaient succombé ; c'était vraiment peu pour une bataille d'une aussi longue durée ! Le patriarche, qui, en présence de ces violentes manifestations, avait donné sa démission, consentit à la reprendre sur les instances du Sultan qui désirait, avant tout, l'apaisement des esprits ; le souverain commua même la sentence de mort prononcée contre Artin Dankolian qui avait été l'initiateur de l'incident et accorda des réductions de peine aux autres condamnés, y compris Boyadjian.

On voit que l'affaire de Koum-Kapou avait pour but de forcer la main aux Arméniens tranquilles et raisonnables qui hésitaient à se mettre au service du Comité hintchakiste ; afin de mieux intimider les récalcitrants, cette faction ne manquait pas d'ailleurs de frapper avec beaucoup de rigueur les Arméniens qui résistaient aux injonctions des meneurs. C'est ainsi que fut assassiné en pleine rue un avocat arménien très honnête et fort estimé, Hatchik Effendi ; le meurtrier, le jeune Ermenak, âgé de 18 ans, avoua dans l'interrogatoire qu'il avait reçu, pour poignarder l'avocat, cinq livres turques de Hamparsoum Boyadjian, président du Comité hintchakiste de Constantinople, organisateur de l'échauffourée de Koum-Kapou.

A différentes reprises, plusieurs prêtres de l'église patriarcale et Mgr Achikian lui-même furent l'objet de tentatives d'assassinat. Tous les auteurs de ces crimes furent arrêtés et reconnurent qu'ils étaient les agents du Comité hintchakiste. Un riche banquier arménien, Simon Bey Maksoud, fut aussi victime d'un attentat semblable : les agresseurs, Stépan, négociant en brillants ; Hamparsoun, cafetier ; Kevork et Tatios, ont déclaré qu'ils avaient agi d'après les suggestions du cordonnier Dikran, membre du Comité révolutionnaire. Tout récemment encore (26 juin 1895), un Arménien, nommé Tutundjian, employé au bureau de la presse, a été poignardé par deux membres du même Comité.

Hamparsoun Boyadjian et Mihran Damadian parvinrent à se sauver, d'abord à Genève, où s'imprimait le journal le *Hintchak* qui fut transféré ensuite à Athènes. Quelque temps après, à la faveur d'un déguisement, Boyadjian passait en Anatolie où il retrouva son frère Mardiros Giraër, plus connu sous le nom de Morouk : tous deux organisèrent les émeutes de Cézarée, de Yuzgat, de Mouch et de Talori.

Après le départ de Boyadjian, Vard Bradrikoff, se prétendant sujet russe, fut appelé à la présidence du Comité de Constantinople. Il ne tarda pas à être arrêté et, dans une perquisition qui fut faite à son domicile avec le concours de l'Ambassade et du Consulat général de Russie, on saisit tous les papiers, règlements, statuts, manifestes du Comité hintchakiste qui furent remis à l'autorité judiciaire ottomane après avoir été inventoriés et estampillés par l'Ambassade de Russie (1891).

A la suite de l'incident de Koum-Kapou, il semble qu'il y ait eu une période de détente dans l'agitation arménienne.

A peine avons-nous à signaler, vers la fin de 1890, un manifeste révolutionnaire du *Hintchak* invitant tout simplement les Arméniens de Turquie à massacrer leurs compatriotes musulmans. Si un journal turc s'était permis pareille fantaisie, quel beau tapage nous aurions entendu !

La cause de l'accalmie que nous venons de signaler ne doit pas, du reste, être cherchée en Orient ; elle est toute entière expliquée par la situation du cabinet Salisbury ; celui-ci perd chaque jour du terrain, tandis que les libéraux, conduits par le vieux Gladstone, peuvent déjà pronostiquer leur victoire prochaine et leur rentrée au pouvoir. Or, les libéraux se sont fait un monopole de la question arménienne ; M. Gladstone est le patron incontesté des agitateurs, et son ancien sous-secrétaire d'Etat, James Bryce, devient leur porte-parole à la Chambre des Communes. Il en résulte tout naturellement que lord Salisbury se montre beaucoup plus tiède en ce qui concerne les revendications arméniennes et il a une tendance visible à l'optimisme à l'égard de la Turquie.

Le *Daily News*, inspiré par les gladstoniens, redouble ses calomnies turcophobes qui deviennent une des principales *platforms* des futures élections ; il accuse le Sultan de faire noyer nuitamment dans le Bosphore des centaines d'Arméniens ; il décrit les tortures horribles qui, suivant lui, auraient été infligées aux inculpés dans l'affaire de Koum-Kapou ; il est devenu l'organe, sinon officiel, du moins attitré du Comité anglo-arménien et des Comités Hintchak, qui inondent le journal de communications terrifiantes relatives à des massacres qui ont lieu dans des villages absolument ignorés et où tout contrôle est naturellement impossible.

Il n'y a pas lieu de s'étonner de ce redoublement de

violences ; c'est une simple modalité de la lutte électorale en Angleterre. Un membre du Parlement demande, en pleine séance, que la Reine use de son autorité pour implanter à Constantinople le régime parlementaire et une organisation constitutionnelle. Lord Salisbury, très refroidi, réplique que le régime parlementaire a toujours donné, en Turquie (en Turquie seulement ?), des résultats déplorables et que ce système serait encore plus inefficace le jour où il serait imposé par une puissance étrangère. En même temps, le Consul général de la Grande-Bretagne à Erzeroum, M. Clifford Lloyd, déclare que tout est tranquille en Arménie et qu'on a noirci à plaisir la situation : « Il se commet bien dans ces régions des crimes et des délits de droit commun, mais les mêmes faits se produisent chaque jour dans les pays les plus civilisés, et il s'en commettait tout autant en Ecosse il y a quarante ans à peine ».

De son côté, M. Danusso, qui venait de passer trois mois à Erzeroum, écrivait, en mai 1891, une lettre bien intéressante à noter ; après avoir constaté que les Arméniens sont aussi libres et aussi protégés que les Musulmans, au milieu desquels ils vivent, il ajoute que les agitateurs sont conduits par une armée d'agents bien disciplinés et bien payés, recevant des ordres de Constantinople, mais *dont la provenance est Londres, où tout un état-major, un véritable ministère, est installé dans les bureaux du Daily News*.

Voici sa conclusion : « J'ai été frappé de la similitude de faits et de choses qui existe entre les *affaires d'Arménie et celles de Crète* que j'ai également suivies. Les martyrs, ici comme là, ne sont pas à plaindre pour la bonne raison qu'ils n'existent pas. Les uns et les autres ne paient presque pas d'impôts ; ils ne sont pas soldats, peuvent travailler à leur aise et très souvent exploiter ceux qu'on appelle leurs tyrans. Je ne puis m'empêcher de reconnaître dans les deux pays le *même but*, *la même main*. »

On peut conclure que, au point de vue de la rébellion arménienne, les années 1891 et 1892 ont été une période de préparation ; ce n'est pas à dire que l'implacable politique de l'Angleterre laisse la Turquie en repos ; au contraire, nous voyons, en 1891, l'insurrection du Yemen et un nouveau soulèvement en Crète.

Il serait bien difficile de prouver, en ce qui concerne le Yemen, que le cabinet de St-James a eu l'initiative de la révolte ou seulement une part de complicité plus ou moins active. Toutefois, j'ai eu, à plusieurs reprises, entre les mains, des lettres de Djéddah dans lesquelles on signalait des débarquements nocturnes d'armes anglaises venues d'Aden par des boutres de contrebandiers arabes. D'ailleurs, l'Angleterre a tant d'intérêt à accaparer la mer Rouge et à en faire un canal britannique, son action sur ces rivages a été si audacieuse qu'on ne peut guère refuser de voir, dans le mouvement arabe du Yemen, l'impulsion britannique. Nous nous rappelons aussi que ce soulèvement des Assyrs avait été précédé, en 1890, par une invasion de petites brochures arabes imprimées à Londres et expédiées, sous pli fermé, en Arabie et en Syrie ; ces pamphlets avaient pour thème invariable des attaques contre la légitimité du khalifat de Constantinople et la nécessité de créer un autre khalife en Arabie. Les journaux anglais annonçaient même que le nouveau khalife pourrait être Seiffedin, bey de la tribu révoltée des Assyrs, qui, certes, ne s'attendait guère à cet honneur pour lequel il n'avait aucun titre.

VI

Les missions protestantes et les émeutes de Merzifan, Yuzgat, Césarée. — La vérité sur la rébellion de Talori (Sassoun). — L'enquête collective et ses résultats. — Le « projet des réformes » devant l'opinion. — Quelques mystifications anglo-arméniennes.

A la fin de 1892, on recommence à parler des Arméniens; c'est qu'un changement important a eu lieu en Angleterre : M. Gladstone est devenu premier ministre : les libéraux sont au pouvoir et presque aussitôt nous assistons à un réveil de l'agitation arménienne, agitation qui a pour conséquence les graves événements de 1893 et de 1894 à Merzifan, Yuzgat, Césarée, Talori, etc.

Le Comité de Londres, vers les premiers mois de 1893, expédia quelques affidés en Asie-Mineure pour placarder, dans certaines villes, des appels à la révolte; c'est Merzifan qui fut le siège de cette propagande qui rayonnait vers Césarée, Yuzgat, Tchoroun, Gumuch-Hané, Asizié et autres lieux : les manifestes étaient d'ailleurs la reproduction d'un article publié, en juillet 1892, par le journal *le Hintchak*.

Un nommé Andon Richtoni, délégué du Comité de Londres, s'était rendu à Césarée pour fomenter l'insurrection; lorsqu'il fut arrêté, on trouva sur lui les statuts et règlements de la Société anarchiste « Hintchak », ainsi que le cachet du Comité. Sur les indications fournies par un autre inculpé, des perquisitions faites au monastère de Divonik, près de Césarée, permirent de retrouver une grande partie des documents apportés par Richtoni, qui avaient été confiés à un moine. On ne tarda pas à reconnaître que les meneurs principaux du mouvement étaient Thomayan et Kayayan, *Arméniens protestants,* professeurs à l'école protestante de Merzifan. C'est dans cette maison d'éducation qu'ils avaient installé leur imprimerie clandestine et, de plus, ils prêchaient, depuis longtemps, les théories anarchistes aux jeunes gens qui fréquentaient l'école. Ces arrestations furent le signal d'une échauffourée dans laquelle furent brûlées quelques maisons.

Quant aux incidents de Yuzgat et de Césarée, ils ont été l'œuvre de Mardiros Giraër, autrement dit Morouk, frère de Hamparsoun Boyadjian. Morouk avait réuni à Bebeck un certain nombre d'Arméniens enrôlés par un certain Papasian Hamparsoun ; il leur distribua des armes importées d'Angleterre, de l'argent et leur enjoignit de tenir tout prêt, à un signal donné, pour piller et saccager les villages musulmans, assassiner les habitants et arrêter les autorités.

Il y eut ainsi un certain nombre de rébellions locales, notamment à Césarée, qui furent de même fomentées par les deux frères Hamparsoun Boyadjian et Morouk; elles aboutirent à l'arrestation des insurgés et au fameux procès d'Angora. Dix-sept accusés furent condamnés à mort, six à quinze ans de travaux forcés et dix à sept ans; quatorze furent mis en liberté. Le Sultan, fidèle à ses constantes traditions d'humanité, commua la peine des condamnés à mort en celle de l'expulsion. Malgré cet acte de clémence peu ordinaire, les journaux anglais firent une dépense inusitée d'encre en injures contre le Sultan et la Turquie; c'étaient surtout les feuilles protestantes qui se distinguaient par leur acrimonie; songez donc! on avait osé condamner deux Arméniens protestants : Thomayan et Kayayan. Il est vrai que ceux-ci, graciés par la bienveillance impériale, s'empressèrent de passer à l'étranger. Thomayan vint à Londres où il devint un des membres influents du Comité révolutionnaire; c'est lui qui jouait le rôle de « martyr » dans les meetings.

En vain le patriarche des Arméniens de Constantinople, Mgr Khorène Achikian, adressait-il aux autorités ecclésiastiques une circulaire pour les engager à réagir contre les organisateurs de troubles venus de l'étranger (mars 1894) :

« Donnez des conseils à la classe ignorante et naïve de vos ouailles, afin qu'elle ne tombe pas dans les pièges des fauteurs; quant aux récalcitrants, excusez-les auprès du gouvernement en votre qualité de défenseurs de la fidélité nationale..... »

Que pouvaient ces sages paroles contre les excitations furibondes de la presse de Londres et les exhortations insensées des journaux arméniens de cette ville qui racontaient avec enthousiasme les grandes et mémorables victoires « que les révoltés arméniens remportaient chaque jour sur les troupes ottomanes »! Tout cela devait aboutir à la fatale insurrection de Sassoun.

On aurait tort de croire que cet événement n'avait pas été soigneusement préparé d'avance. Dans le journal *le Congrégationalist*, de Boston, du 23 décembre 1893, on trouve la déclaration suivante d'un missionnaire protestant américain, M. Cyrus Hamlin :

« Un Arménien très intelligent, qui parle l'anglais aussi couramment que l'arménien et qui est un défenseur éloquent de la révolution, m'a assuré qu'ils ont de grandes espérances de *préparer la voie à une puissance étrangère* pour entrer dans l'Asie-Mineure et en *prendre possession*. Quand je lui ai demandé comment, il a répliqué : « Des bandes de hintchakistes sont organisées partout » dans l'Empire et guetteront les occasions pour tuer des » Turcs et des Kurdes, mettre le feu à leurs villages et » puis se réfugier dans les montagnes. Les Musulmans » enragés se soulèveront alors et tomberont sur les Arméniens sans défense et ils les égorgeront avec tant de » barbarie qu'une *puissance étrangère* entrera, au nom » de l'humanité et de la civilisation chrétienne, et en » *prendra possession*. »

» Quand j'ai dénoncé le projet comme on ne peut plus atroce et infernal, il a répondu avec calme : « Il vous » paraît tel sans doute ; mais nous, Arméniens, nous sommes déterminés à être libres. L'Europe s'est émue des » atrocités bulgares et a rendu la Bulgarie libre ; elle » entendra notre cri. »

Un an environ après, éclatait la rébellion de Talori (Sassoun), et le chef des révoltés n'était autre que Hamparsoum-Boyadjian, qui était rentré en Anatolie sous le nom de Mouradian et s'était mis en relations avec les Arméniens protestants des villayets de Bitlis, de Van, d'Angora, d'Adana ; des manifestes séditieux furent même déposés mystérieusement chez les principaux Arméniens appartenant à cette communion. Pour séduire les gens et les entraîner à une rébellion armée, Boyadjian ou Mouradian promettait très haut l'appui de l'Angleterre et montrait des lettres d'encouragement qu'il disait avoir reçues de hauts personnages politiques de Londres. Des circulaires, qui annonçaient également le concours du gouvernement britannique, furent envoyées aux principaux membres du clergé arménien par l'ancien archevêque d'Adana, Vahabédian; le texte de cette circulaire a été publié en mars 1895, à titre de curiosité, par la plupart des journaux français.

M. Ximénès donne, à ce sujet, un détail assez typique: « Le fauteur de ces troubles a été un nommé Boyadjian, ancien élève de l'école des missionnaires méthodistes américains, qui avait déjà été compromis dans l'échauffourée de Koum-Kapou et gracié ensuite par le Sultan. Les Arméniens ont ajouté que cet homme les avait décidés à marcher en leur affirmant que la Grande-Bretagne mobilisait des troupes pour leur venir en aide. Les Arméniens demandèrent comment cette armée pourrait parvenir dans une région aussi éloignée et aussi escarpée. « Boyadjian » leur raconta que les soldats seraient apportés à travers » les airs par d'énormes ballons rouges qui sont la dernière » invention de la science militaire moderne »! On voit, d'après ce simple détail recueilli par un témoin oculaire de ces événements, combien il est facile d'abuser ces populations naïves et ignorantes, presque primitives. C'est ainsi que, peu à peu, les habitants de onze ou douze villages du district de Sassoun suivirent les conseils perfides du pseudo-Mouradian et, au nombre de trois mille environ, se retirèrent dans les montagnes d'Antoun-Dagh après avoir reçu des *fusils à répétition* et des munitions qui avaient été secrètement expédiés par les Comités de Londres et de Tiflis.

Il n'est pas inutile de préciser un peu la situation géographique du pays où se sont accomplis ces événements : car les journaux anglais ont eu soin d'embrouiller perfidement les noms de manière à faire croire qu'il y a eu deux séries de collisions, tandis que, en réalité, il ne s'agissait que d'un seul et même fait. Ainsi, après avoir lancé la nouvelle des *massacres de Talori*, ils ont parlé ensuite des *massacres de Sassoun* ; chez les feuilles assez nombreuses où l'on prend aisément le Pirée pour un homme, on s'est habitué à distinguer les massacres de Talori et de Sassoun, si bien que le public occidental a pu croire que Talori et Sassoun étaient deux villes importantes dont les Turcs avaient égorgé les habitants.

Sassoun est le nom d'un vaste plateau qui s'étend dans le villayet de Bitlis entre l'Euphrate oriental et les deux affluents du Tigre, le Batma-Sou et le Bitlis-Sou. Ce plateau, assez peu habité, s'étend sur trois cazas (cantons), dont un s'appelle le caza de Sassoun ; ce caza, très montagneux, est coupé de précipices et de fondrières ; il ne comprend que des villages peu importants, composés, en général, de petits hameaux éparpillés (mahallé) dont chacun ne renferme que quelques chaumières. L'un de ces villages est Talori ; ses mahallés, dont quelques-uns n'ont que deux ou trois maisons, sont disséminés dans une vallée ou plutôt dans une gorge qui n'a pas 1,200 mètres de longueur. Voilà quel a été le théâtre de cette sédition tout à fait locale, à propos de laquelle les feuilles britanniques ont essayé de faire vibrer la sensibilité de l'Europe toute entière. Talori n'est qu'un point de Sassoun et les événements de Talori sont les mêmes que les événements de Sassoun.

Quant à l'incident en lui-même, nous ne pouvons faire mieux que de reproduire la version du journal américain le *New-York Hérald*, qu'on n'accusera pas de partialité ni de complaisance pour les Turcs. Voici la traduction de son récit très simple et fort précis :

« Les agitateurs arméniens qui avaient fait leur apparition dans les montagnes escarpées de Talori, situées entre Sassoun, au sud-est de Mouch (villayet de Bitlis), et le district de Call (mutessarifat de Guendj) combinèrent leurs forces ensemble à l'instigation d'un certain Hampartzoun, qui, sous le faux nom de Mourat, avait déjà fomenté des troubles dans ces régions. Cet Hampartzoun, né à Hadjin (villayet d'Adana), après avoir étudié huit ans la médecine à l'école civile médicale de Constantinople et participé aux désordres de Koum-Kapou, s'enfuit à Athènes, et de là à Genève. Ensuite, il se rendit sous un déguisement et un nom supposé, par la voie d'Alexandrette, de Diarbekir, dans les environs de Bitlis et il commença, par ci, par là, son agitation séditieuse, avec le concours de cinq autres individus.

« Hampartzoun donnait l'assurance positive au peuple crédule qu'il était un agent étranger, envoyé par des puissances européennes dans le but de renverser les autorités turques. Il parvint ainsi à gagner à ses criminels projets les Arméniens des villages de Siner, Simai, Gulli-Guzat, Ahi, Hedenk, Sinank, Chekind, Effard, Moussone, Etek, Akdjesser et ceux du petit bourg de Talori, comprenant quatre hameaux.

» Alors, ces insurgés, sous le commandement de Hampartzoun, abandonnèrent, vers la fin du mois de juillet 1894, leurs villages respectifs, après avoir placé dans des endroits inaccessibles leurs femmes, leurs enfants et leurs biens ; ils s'assurèrent la coopération d'autres rebelles armés qui vinrent de la vallée de Mouch et des cazas de Call et Selvan et, après avoir fait leur jonction, ils s'assemblèrent au nombre de *plus de trois mille* sur la montagne appelée d'Andouk-Dagh. Cinq ou six cents d'entre eux résolurent de fondre sur la ville de Mouch : ils *commencèrent par attaquer* la tribu de Délican, sur le mont Courlink, au sud de Mouch, en tuèrent un certain nombre et leur dérobèrent leurs richesses. *Tous les Musulmans qui tombèrent entre leurs mains furent insultés dans leur religion et mis à mort avec des raffinements horribles.* Les *troupes régulières* des environs de Mouch furent aussi *attaquées par ces insurgés* qui, cependant, n'investirent pas la ville elle-même, à cause de son importante garnison.

» Les rebelles, de concert avec ceux réunis à Andouk-Dagh, constituèrent alors des bandes séparées qui commirent des *crimes horribles et des dépradations féroces* dans les tribus environnantes. Ils brûlèrent tout vivant le neveu d'Eumer-Agha et violèrent ou égorgèrent les femmes musulmanes de deux ou trois maisons du village de Gulli-Guzat. Ils torturèrent aussi plusieurs Musulmans, les forçant à embrasser la croix, leur arrachant les yeux, leur coupant les oreilles et leur infligeant les outrages les plus indignes.

» Ces mêmes rebelles, au commencement du mois d'août, attaquèrent les tribus de Faninar, de Bekiran et de Badikan, en commettant toutes sortes d'atrocités semblables. Les insurgés des villages d'Ealighernuk et de Yermouch, situés dans le canton de Djinan (district de Call), attaquèrent à leur tour les Kurdes de cette région et aussi les villages de Kaïsser et de Tchatchat.

» Vers la fin du mois d'août, les Arméniens assaillirent

les Kurdes dans le voisinage de Mouch, brûlant deux ou trois villages, y compris Gulli-Guzat. En ce qui concerne les insurgés de Talori, au nombre de 3,000, après avoir jeté la consternation et le deuil parmi les Musulmans et les autres Chrétiens, ils refusèrent de mettre bas les armes et continuèrent leurs déprédations. Des troupes régulières furent envoyées alors sur les lieux pour étouffer la rébellion. Le chef Hampartzoun s'enfuit sur une haute montagne avec onze de ses complices. Il fut capturé vivant, non pas cependant sans avoir tué deux soldats et blessé six autres. A la fin du mois d'août, toutes les bandes insurgées étaient dispersées.

« *Les femmes, les enfants et les invalides furent traités avec tous les égards possibles* et conformément aux règles de l'Islam et de l'humanité. Les insurgés qui ont succombé sont ceux qui ont refusé de se rendre et ont préféré combattre contre les autorités légales du pays. »

Voici le résumé impartial et sans prétention des événements de Talori autour desquels la presse anglaise a fait un tapage inouï ; si on veut avoir quelques détails circonstanciés sur la répression et sur ses conséquences, on lira avec intérêt la déclaration de M. Ximénès, qui se trouvait dans cette région au moment des troubles. Voici ce que dit cet explorateur qui a séjourné à Mouch jusqu'au mois de novembre 1894 :

« L'affaire tout entière, affirme-t-il, s'est limitée à une émeute locale qui a été étouffée par les forces locales.

» A la requête du gouverneur de Bitlis, des ordres furent envoyés à Zekki-Pacha pour mobiliser des troupes et rétablir l'ordre. En conséquence, quatre bataillons de 1,200 hommes furent réunis en hâte et envoyés pour disperser les insurgés. Les troupes rencontrèrent ceux-ci sur un plateau de la montagne le 28 août et les invitèrent à faire leur soumission. Les Arméniens, qui étaient au nombre de 3,000, commencèrent à insulter les soldats et à leur lancer des pierres ; ils leur tirèrent aussi plusieurs coups de feu et les troupes alors répondirent par une décharge. Les Arméniens s'enfuirent et se rassemblèrent ensuite dans une vallée étroite où les troupes ne tardèrent pas à les rejoindre. L'officier turc, qui commandait, adressa aux révoltés quelques paroles conciliantes pour les inviter à se disperser. Quelques-uns obéirent ; mais beaucoup résistèrent et les troupes firent feu une seconde fois. En tout, trois cents insurgés ont été tués. Ce fut là le seul engagement sérieux de toute cette affaire. Beaucoup de prisonniers furent faits, il est vrai ; mais ils ont été ensuite relachés. »

Comme on le voit, cette rébellion, patronnée par la presse anglaise, avait eu des conséquences assez tristes, qu'il n'y avait aucun besoin d'aggraver à plaisir.

Mais cette déplorable issue servait à merveille les desseins de la politique britannique, et la mutinerie de Talori, devenue par une habile multiplication les « massacres de Sassoun et de Talori », fut exploitée sans pudeur par le Foreign-Office. L'Angleterre demanda qu'une enquête fut faite en Turquie d'Asie par les délégués des grandes puissances européennes, et cette prétention exorbitante finit par être adoptée. Qu'eût-on dit cependant, si, au lendemain de l'affaire de Fourmies, les « grandes puissances » avaient revendiqué le droit d'envoyer en France des commissaires pour procéder à une enquête ! Cette prétention eût semblé contraire à toutes les règles internationales ; mais il paraît que, en matière de droit des gens, il y a deux poids et deux mesures !

Il fut donc décidé que l'Angleterre, la France et la Russie désigneraient chacune un délégué qui se joindrait à la Commission nommée par le Sultan.

On s'étonnera peut-être de voir, dans cette circonstance, la France et la Russie paraître faire cause commune avec l'Angleterre. L'explication est très simple et toute à l'honneur de notre Ministre des affaires étrangères. Assurément la Grande-Bretagne eût préféré être seule chargée de l'enquête ; elle eut pu alors écouler, sans crainte de démenti, sur toute l'Europe, l'immense stock de légendes atrocitaires dont elle a le monopole ; elle aurait prouvé, par des relations terrifiantes et des découvertes horribles, que la Turquie d'Asie était le théâtre de sanglantes iniquités, qu'on y massacrait les Chrétiens tout le long du jour et que l'intervention « d'une grande puissance européenne » était indispensable pour rétablir dans ces régions l'ordre, la sécurité, la justice.

En deux mots, c'était une seconde édition de l'histoire de l'occupation de l'Egypte par les troupes de S. M. la reine Victoria. N'était-ce pas pour réprimer l'agitation provoquée par Arabi-Pacha — le général Boulanger nilotique, — n'était-ce pas pour restaurer la paix intérieure et l'ordre moral et matériel que l'amiral Seymour avait bombardé Alexandrie et que l'armée anglaise avait envahi le pays pharaonique que, depuis lors, elle s'est toujours refusé à évacuer, malgré les réclamations de la Porte, les représentations de la France et en dépit d'engagements tant de fois répétés avec une solennité cynique !

Cette hypocrite conquête de l'Egypte a été l'échec le plus pitoyable, le plus honteux qu'ait subi depuis vingt-cinq ans la politique française. Disons, en passant, qu'il est bien curieux de voir comment l'opinion publique en a accusé successivement MM. de Freycinet, Decazes, Gambetta et beaucoup d'autres ministres, tandis que le seul coupable véritable, c'est le Parlement lui-même, comme il serait facile de s'en convaincre, si on voulait prendre la peine de relire les lamentables compte-rendus des séances de la Chambre des députés pendant cette période ; jamais l'inintelligence de l'esprit de parti et l'intransigeance des sectaires ne se sont mieux révélées qu'alors. Il en sera probablement toujours de même tant qu'on s'obstinera à faire du parlementarisme en matière de politique internationale et à vouloir résoudre, par des maladresses de tribune, les difficultés diplomatiques.

Cette mésaventure, que les événements postérieurs ont rendue incontestable, a eu du moins un avantage : elle nous a empêchés de recommencer en Turquie d'Asie cette politique que j'ai appelée, dans le temps, la politique « des mains derrière le dos ». L'Angleterre réclamait une enquête en Anatolie : nous avons répondu : « Une enquête ! soit ; nous la ferons ensemble et nous y convoquerons nos amis les Russes qui sont aussi intéressés que vous et même plus que vous à la question arménienne, puisqu'ils ont un million d'Arméniens sur leur territoire ». Nous sommes donc allés enquêter en Anatolie à côté des Anglais, afin de veiller à ce que l'Angleterre ne s'arroge pas la prétention de faire toute seule la police en Orient.

Dans ces conditions d'impartialité, l'enquête a donné les résultats qu'il était possible de prévoir. Elle a démontré que les Arméniens se sont rebellés à l'instigation d'agents venus de l'étranger, que les insurgés pourvus d'armes à répétition importées d'Angleterre ont commis tous les excès ordinaires en temps d'insurrection : incendie, meurtres, brigandages et se sont retirés dans les montagnes pour tenir tête aux soldats réguliers ; elle a constaté que le gouvernement ottoman avait usé du plus légitime de ses droits en envoyant contre les rebelles des troupes qui n'ont pu triompher des factieux qu'après une rencontre sanglante : ce n'est pas avec des paroles persuasives et des articles de journaux qu'on vient à bout de trois mille insurgés, bien armés et campés dans des montagnes presque inaccessibles.

Ces conclusions étaient d'une si rationnelle évidence que les feuilles de la Cité se sont rabattues sur la macabre légende du puits ou fosse hyperbolique de Gulli-Guzat, dans lequel « les Turcs avaient entassé pêle-mêle leurs victimes après avoir recouvert les cadavres de chaux. » Malgré le réalisme de ces détails lugubres, nous avouons notre manque d'indignation. Il est certain que dans l'engagement final deux ou trois cents insurgés arméniens sont restés sur le champ de bataille : on a dû, tout naturellement, jeter leurs corps précipitamment dans une fosse commune, comme cela a lieu dans toutes les guerres civiles ou non. On n'a vraiment pas pris tant de précautions à Paris lorsque les troupes de Versailles sont venues déloger les communards ! — « Mais la chaux ? », répliquent les Anglais, « pourquoi cette chaux ? » Tout simplement pour activer la décomposition des corps et empêcher cet endroit de devenir un foyer d'infection. Avec la meilleure ou même avec la plus mauvaise volonté du monde, il est impossible de voir, dans cette précaution d'hygiène, une mesure atrocitaire contre les Arméniens vaincus.

Du reste j'avais prévu personnellement que tous les faits allégués devaient être faux et que l'enquête ne révèlerait aucune charge contre le vaillant et généreux maréchal

Zekki-Pacha, commandant le 4me corps d'armée, qui a dirigé, avec autant de sang-froid que d'humanité, les douloureuses opérations de la répression. Tous les Européens qui ont eu la chance d'approcher Zekki-Pacha, sont unanimes à célébrer les qualités de son esprit et de son cœur, sa probité, son désintéressement, ses capacités militaires. Je laisserai ici la parole au comte de Chollet qui, en sa qualité de lieutenant du 76me régiment d'infanterie française, doit être particulièrement apte à juger une question de ce genre :

« Agé de 45 ans et muchir (maréchal) depuis quatre ans déjà, le Circassien Mehemet Zekki-Pacha, qui a le commandement le plus important des troupes turques en Asie, est un grand et bel homme à l'œil vif et intelligent, au parler grave et sonore, à la démarche altière. Grand partisan des théories françaises, il a proscrit dans son armée toutes les modifications que la mission Von der Goltz Pacha s'acharne depuis dix ans à implanter en Turquie. Entouré d'un brillant état-major, il fait traduire tous nos ouvrages militaires et s'inspire des principes qu'ils contiennent au sujet des réformes nécessaires aux troupes qu'il commande. »

A ces lignes, écrites en 1892, deux ans avant les événements de Talori, je pourrais ajouter un article de M. Ximénès vantant sans restriction les qualités d'organisateur remarquable que révélait le maréchal en formant les escadrons de cavalerie kurde Hamidieh, qui sont une des plus belles créations du règne d'Abd-ul-Hamid.

Le Comité anglo-arménien n'avait naturellement négligé aucun moyen pour suborner l'opinion publique et démontrer que les commissaires de l'enquête recueillaient des dépositions écrasantes pour les Turcs. Comme le public français semblait un peu indifférent ou incrédule, on organisa des conférences dans les grands centres; M. Tchérassion vint même à Paris et dans quelques autres villes essayer de réveiller la faveur pour ses compatriotes révoltés, en retraçant avec des couleurs aussi dramatiques que possible les affaires de Marzifan, Yuzgat, Talori, etc.; pour mieux passionner les auditeurs, le conférencier intercalait dans son discours des projections photographiques représentant des Arméniens égorgés, des femmes éventrées, des enfants écrasés, des villages en feu, etc. L'effet fut absolument nul : car les gens sceptiques, qui forment la majorité du public parisien, ne manquèrent pas d'exprimer narquoisement leur surprise qu'il se fût trouvé, à point donné, dans les montagnes à demi-sauvages du Kurdistan, une escouade de photographes pour collodionner sur le vif ces scènes de mort; une telle présence d'esprit ne faisait-elle pas trop d'honneur aux audacieux photographes et aux stoïques victimes qui posaient devant l'objectif pendant qu'on leur coupait la tête! Bien plus, l'auteur d'une brochure imprimée en Amérique découvrit que certaine photographie, très impressionnante, représentant des femmes arméniennes qui se précipitaient dans l'abîme avec leurs enfants pour échapper aux soldats turcs, n'était qu'une reproduction d'un tableau jadis très célèbre intitulé : *Les Femmes Souliotes,* d'Ary Scheffer.....

D'ailleurs, le *Times* lui-même imprima tout au long une lettre d'un correspondant de l'*Agence Reuter* où on lisait ce qui suit :

« De peur que le temps ne vienne amoindrir le sentiment d'horreur pour les massacres de Sassoun, les chefs de l'agitation (the leaders) vendent dans ces régions des chromos représentant des scènes caractéristiques où l'on voit des Chrétiens, hommes, femmes, enfants, égorgés par les troupes turques. La couleur de la peinture est d'un réalisme épouvantable. Cette image porte le titre : « *Massacre des Bulgares par les troupes turques* », mais les acheteurs substituent mentalement le nom d'Arméniens à celui de Bulgares. »

Tout simplement, quelque *stationer* de la Cité aura jugé ingénieux d'écouler en Anatolie quelque gros stock d'imageries hautes en couleur, créées jadis en vue de la campagne atrocitaire bulgare que M. Gladstone mena contre la Turquie. Attendons-nous d'ailleurs à revoir bientôt ces peinturlurages de massacres faire leur réapparition en Macédoine : ce sera une excellente affaire pour les négociants qui ont eu soin d'en conserver les clichés.

Dans le même ordre d'idées, à peine est-il besoin de mentionner un *meeting* — qui devait être monstre et ne fut que caricatural — organisé à Londres le 7 mai dernier par le duc d'Argyll, le duc de Westminster, le lord-maire de Liverpool, des évêques protestants et autres hauts personnages : on y exhiba trois Arméniens de Sassoun dont aucun de leurs compatriotes ne put comprendre la langue, et qui ne parlaient non plus ni le grec ni le turc : seul le missionnaire protestant américain, qui leur servait de barnum, pouvait traduire leurs paroles. Il est vrai d'ajouter que l'ambassadeur des Etats-Unis à Londres s'est empressé de désavouer le missionnaire en question.

N'oublions pas toutefois le suggestif meeting de Chester (6 août), dans lequel M. Gladstone, pris d'un de ses périodiques accès de fièvre atrocitaire, a abîmé d'injures le pauvre gouvernement ottoman et demandé la mort de la Turquie ; son argumentation comme son indignation étaient d'ailleurs basées *uniquement* sur un article publié *tout exprès*, peu de jours avant, par un reporter du *Daily Télégraph*. Le reporter en question, M. Dillon, invoquait surtout le témoignage d'un certain bandit kurde, Montigo, interviewé par lui à huis clos dans la prison où repose ledit Montigo, condamné à mort par le tribunal d'Erzeroum pour assassinat, viol, pillage et autres crimes commis... contre des Turcs ! C'est M. Gladstone lui-même qui nous l'apprend....

L'ancien grand homme néglige de nous dire si M. Dillon parle les langues du pays et si ses autres sources de renseignements sont toutes aussi recommandables que ledit Montigo : mais ces menus détails importent peu à la bonne foi britannique qui ne demande qu'à être surprise !

Pendant que l'enquête se poursuivait, les représentants de l'Angleterre, de la France et de la Russie à Constantinople élaboraient dans le plus profond mystère un projet de « réformes » pour les provinces habitées par les Arméniens.

On attendait avec une certaine impatience dans le public européen ce projet qui devait être le commentaire définitif de l'article 61 du traité de Berlin et auquel collaboraient les trois principales ambassades de Constantinople : peut-être allaient-elles trouver la solution véritable de la question arménienne et, même, de la question d'Orient.

Aussi la déception fut grande lorsqu'on vit, après six mois d'un labeur acharné, éclore au soleil d'Orient le projet embryonnaire qu'on va lire.

Nous sommes désolés d'être obligés de traiter avec si peu de respect une œuvre à laquelle ont collaboré (dans une mesure que nous ignorons) les représentants de la France et de la Russie; peut-être, d'ailleurs, la tâche à laquelle ils s'étaient associés, est-elle absolument irréalisable ou pêche-t-elle par ses principes fondamentaux. Toujours est-il que le malheureux projet de « réformes » a eu *une bien mauvaise presse.* Dans le *Pall Mall Gazette,* un correspondant le déclare *irréalisable* et *absurde* et l'apelle une « utopie réunissant dans un chaos le ciel et White-Chapel »; il ajoute que si « ce projet avait été préparé pour l'Etat du Congo, il serait risible; mais que, comme essai de solution de la question arménienne, il est lamentable. » L'*England* en fait une critique en règle pour en relever « les incohérences, les absurdités et les côtés impraticables. C'est un projet tout à fait chimérique, qu'aucune personne ayant la moindre connaissance de la Turquie ne consentirait à approuver. Il serait tout à fait incroyable que l'ambassadeur d'Angleterre ait pu mettre son nom sur un tel projet, si ce n'est, que, étant depuis peu de mois à Constantinople, il a dû être trompé par les personnes *qui ont un intérêt puissant à pousser la Grande-Bretagne à une indigne coercition contre la Turquie.* »

Voici donc le résumé de ce projet infortuné, que nous empruntons à l'*Agence Havas,* confidente habituelle de toutes les combinaisons défavorables au gouvernement ottoman :

Le projet ci-joint (11 mai 1895) contient l'état général des modifications qu'il serait nécessaire de faire en ce qui concerne l'organisation administrative, financière et judiciaire des *villayets arméniens* mentionnés. Il a paru utile d'indiquer, dans un memorandum séparé, certaines mesures dépassant le cadre des règlements administratifs et dont l'adoption par la Sublime-Porte est d'une *importance primordiale.* Ces différentes mesures sont :

1° La *réduction* éventuelle du nombre des villayets ;

2° Des *garanties* pour le choix du vali ;

3° L'amnistie des Arméniens condamnés ou exilés pour des *faits politiques* ;

4° La *rentrée* des Arméniens *émigrés* ou exilés ;

5° Le règlement définitif des procès pour crimes et délits de droit commun actuellement en cours ;

6° L'examen de l'état des prisons et de la situation des prisonniers ;

7° La nomination d'un *Haut Commissaire de surveillance* pour la mise en application de ces réformes dans les provinces ;

8° La création d'une *Commission permanente* de contrôle à Constantinople ;

9° La réparation des dommages subis par les Arméniens victimes des événements de *Sassoun, Talori,* etc.

10° La régularisation des affaires de *conversions religieuses* ;

11° Le maintien de la stricte application des droits et *privilèges concédés aux Arméniens* ;

12° La régularisation de la situation des Arméniens dans les autres villayets de Turquie.

A première vue, on ne comprend pas très bien l'utilité de la clause relative à la réduction du nombre des villayets. Il semble, en effet, que la distribution actuelle est plus favorable au maintien de l'ordre ; plus un villayet sera étendu, plus la surveillance sera difficile et moins l'action du pouvoir central sera prompte et efficace : cela saute aux yeux. En réunissant ensemble les sept villayets où la population arménienne atteint son chiffre le plus élevé, on composerait un immense Etat de 390,000 kilomètres carrés, c'est-à-dire presque les *deux tiers* de la France ! S'imagine-t-on ce que serait l'administration d'une pareille étendue de terre, en tenant compte des difficultés de races, de religions, des antipathies entre tribus nomades et sédentaires, de l'état peu avancé de la civilisation, de l'ignorance et de la misère générales, de la configuration très montagneuse du sol, de l'absence de route, de moyens de transport et de communicationt etc. ? Assurément, si une province aussi démesurémen, vaste avait existé, les auteurs du « projet de réformes » n'eussent pas manqué d'en demander le morcellement dans le but de faciliter la surveillance et l'action de l'autorité....

Cette clause première serait donc absurde si elle ne renfermait pas une arrière-pensée ; elle prépare en effet tout uniment la réapparition de ce Gouvernement général ou Vice-royauté d'Arménie qui figurait sur le mémoire de Nubar au congrès de Berlin. Il s'agit d'enlever à la Porte six ou sept de ses plus belles provinces, sur lesquelles le Sultan ne conserverait plus qu'une autorité nominale et qui seraient en réalité soumises à l'action du « Haut commissaire » et de la « Commission du contrôle », sans parler du « Commissaire spécial chrétien » attaché au Vali et des autres fonctionnaires, députés, conseillers, etc. prévus par le projet. C'est donc un acheminement vers le fameux *Etat-Tampon* rêvé par l'Angleterre entre la Transcaucasie russe et la Turquie d'Asie démembrée.

Cette conséquence de la 1re clause du chapitre Ier est d'ailleurs confirmée par les clauses subséquentes. Le chapitre 2 demande des garanties pour le choix du vali ; en d'autres termes, elle donne aux grandes puissances un droit de *veto* sur la nomination par le Sultan du gouverneur, ce qui revient à dire que le gouverneur général de l'« Arménie » sera choisi par les puissances européennes. Ce n'est pas tout encore, les chapitres 7 et 8 prévoient la nomination d'un Haut Commissaire et d'un Comité permanent de Contrôle qui devra s'entendre directement avec les ambassadeurs étrangers, recevoir directement les rapports des valis et inspecter spécialement les villayets. Nous nous demandons, en vérité, si on pourrait jamais imposer une condition plus tyrannique, plus humiliante, plus dissolvante à une nation quelconque, après lui avoir mis l'épée sous la gorge et l'avoir réduite à la merci par une guerre impitoyable ? Autant dire qu'on veut annihiler complètement l'autorité du Sultan et le rôle de ses ministres de l'intérieur et des affaires étrangères : c'est une manière de protectorat qu'on veut lui imposer, et plus qu'un protectorat, car, au lieu d'un ministre résidant, on prévoit un haut commissaire dit impérial, une commission de surveillance, un comité de contrôle, etc., etc.

Le *Daily News* a fait, d'ailleurs, sur ce point, un aveu précieux à retenir. Dans son numéro du 4 juillet dernier n'a-t-il pas déclaré que le Haut Commissaire serait une sorte de VICE-ROI (*a Kind of Vice-Roy*) et qu'il représenterait en réalité un Etat dans l'Etat (*imperium in imperio*) ! C'est donc bien d'un véritable démembrement de l'empire ottoman qu'il s'agit !....

Ce projet constitue une évidente iniquité vis à vis de la Turquie ; il prépare la dissolution de l'Empire ottoman au profit exclusif de la nationalité arménienne ou, pour mieux dire, de la puissance européenne qui s'est attribué la mission de représenter les Arméniens. Il est également injuste vis à vis des Mahométans ; nous avons déjà démontré par des chiffres que, dans tous les villayets, les Musulmans sont six fois plus nombreux que les Arméniens ; on aura beau grouper les villayets par trois, par cinq ou par sept, cela n'empêchera pas les Mahométans de constituer la grande majorité de la population et de réagir contre la création d'un nombre disproportionné de fonctionnaires chrétiens, avec des privilèges et des attributions qui sont refusés aux Mahométans. Le projet aboutirait donc à entretenir dans cette région un état permanent d'agitation, de luttes et de conflits; c'est ce que veut, sans doute, une des trois puissances qui a rédigé ce memorandum; mais nous sommes persuadés que tel n'est pas le désir des deux autres.

Nous aurions aussi bien des réserves à formuler sur les clauses qui concernent l'amnistie des Arméniens condamnés pour *faits politiques* et la rentrée des Arméniens *émigrés ou exilés.* Elle est bien vague et bien élastique, cette dénomination de faits politiques. Dans une insurrection fomentée par des agents étrangers, où commence la politique? où finit-elle? Les rebelles de Sassoun qui ont incendié des villages, égorgé des Musulmans, violé des femmes et rempli de poudre le ventre d'Eumer Agha pour le faire sauter ont-ils commis des crimes politiques? Et Hampartzoum Boyadjian, Thoumayan et les autres anarchistes fauteurs d'insurrection, condamnés à mort par des Cours d'assises et gràciés par le Sultan, sont-ils des *exilés* qui auront le droit de rentrer et de préparer de nouveaux complots?

A propos de Sassoun, notons en passant que le « projet de réformes » persiste à parler, comme le commun du vulgaire, des massacres de Sassoun *et* de Talori. Parmi les hauts ou moyens diplomates qui ont collaboré à cette œuvre collective, il ne s'est donc trouvé personne qui eût étudié la géographie de ces contrées?

Un autre article demande que la gendarmerie soit composée en partie de Chrétiens. Voilà qui est bien : mais quelle sera la proportion à garder? puis, chrétien est bientôt dit; il y a des Grecs, des Latins, des Nestoriens, des Chaldéens, des Jacobites qui sont aussi des chrétiens;

sans doute, il y aura un gendarme Arménien spécial pour les arméniens et un gendarme collectif chrétien pour les autres sectes chrétiennes qui sont moins chères à la sollicitude des grandes puissances. Nous avons dit que dans ces provinces la proportion est :

11/15es de Musulmans;
2/15es d'Arméniens grégoriens ;
2/15es de Grecs, Latins, Chaldéens et Jacobites, etc.

Lorsqu'il y aura 15 gendarmes réunis, il sera facile de respecter la proportionnalité ; il y aura 11 gendarmes musulmans, 2 gendarmes arméniens et 2 gendarmes d'un christianisme ecclectique ; mais dans les villes où il n'y aura que 2 gendarmes, comment faire ? Terrible problème de fractions !... Et lorsqu'il n'y aura qu'un gendarme ? Il faudra inventer un gendarme composite de bonne volonté, Musulman aux 11/15es, et Chrétien pour le reste.... et encore, nous affirmons, sans crainte d'être démentis, que les Grecs et les Latins aimeront cent fois mieux avoir à faire aux gendarmes musulmans qu'à la maréchaussée arménienne.

L'England a fait un calcul bien amusant ; il a relevé avec soin le nombre de nouveaux fonctionnaires que comporte le « projet de réformes ». Il y en a QUINZE CATÉGORIES, ni plus ni moins ; en voici la liste avec les indications des articles qui prévoient leur création :

1° Haut commissaire impérial (7).
2° Comité permanent de contrôle (8).
3° Commission judiciaire spéciale (5).
4° Commission spéciale pour inspecter les prisons (6).
5° Fonctionnaire chrétien spécial attaché à chaque vali (12).
6° Députés spéciaux (moavins) pour les valis (ch. I. § 3).

7° Députés spéciaux (moavins) pour les mutessarifs (ch. II, § 4).
8° Députés spéciaux (moavins) pour les caïmacams (ch. III, § 6).
9° Conseils pour les nahiès (cantons) (ch. IV, § 8).
10° Police spéciale pour les nahiès (ch. V, § 18).
11° Comités préliminaires d'enquête pour chaque chef-lieu (ch. VIII, § 23).
12° Achiret Memouri (officier des tribus) dans chaque villayet (ch. IX, § 24).
13° Commission spéciale des propriétés (ch. XII, § 26).
14° Un conseil des anciens pour chaque canton (ch. XIII, § 29).
15° Augmentation des justices de paix (ch. XIII, § 30).

Se figure-t-on bien le gâchis épouvantable que produirait cette infiltration de nouveaux fonctionnaires dont il faudra déterminer les attributions, délimiter le rang hiérarchique, règlementer les rapports avec les anciennes autorités aussi bien qu'avec le Haut Commissaire et le Comité de contrôle sus énoncé ? Nous ne savons quel serait le vali ou gouverneur général qui aurait les préférences des grandes puissances ; en tout cas, nous lui promettons de l'agrément à moins qu'il ne prenne le parti de ne rien faire et de s'en remettre à la Commission de contrôle, — ce qui est le véritable but de cette organisation compliquée. — Mais le pis est que, tous ces fonctionnaires il faudra les rémunérer ; beaucoup devront être grassement payés. Ce ne sont pas assurément les auteurs du « projet de réformes » qui délieront les cordons de leurs bourses ; en définitive, toute l'économie du projet (si économie il y a) pèsera sur les populations d'Anatolie sous forme d'une aggravation d'impôts et de taxes et d'un redoublement de rigueurs fiscales.

Mais l'article certainement le plus burlesque du memorandum est l'article 24 du chapitre 9, où on recommande « d'inculquer aux Kurdes les principes de la vie sédentaire ». Ces fiers Kurdes, qui, depuis des siècles, sont nomades, qui méprisent les habitants des villes et se feraient hacher vivants plutôt que de renoncer à leur vie indépendante, seront engagés, par persuasion, à aimer la vie sédentaire ! Comment cela ? Sans doute on leur enverra des prédicateurs ou des philosophes qui leur feront des conférences (à cheval bien entendu) pour leur vanter les charmes de l'existence des citadins et les suavités du *home* bourgeois. C'est absolument comme si notre ministre des colonies était chargé d'aller enseigner aux Touaregs les douceurs de la vie champêtre ou les joies de la comptabilité en partie double.

Après ce rapide examen du « projet de réformes », nous comprenons parfaitement la déception des pauvres Arméniens, en contemplant face à face ce phénomène diplomatique qu'on leur avait annoncé comme la fin de tous leurs maux. Au lieu d'alléger leurs impôts, on leur annonce qu'ils auront à héberger et à satisfaire quinze nouvelles variétés de fonctionnaires; si encore le surcroît de charges qui va en résulter avait pour but de créer des routes, de construire des ponts, d'établir des caranvasérails ou des postes de gendarmerie, peut-être se résigneraient-ils à subir plus facilement les onéreux bienfaits de l'amour de l'Europe.

Leur déconvenue s'est manifestée par des tiraillements pénibles au sein du Comité anglo-arménien ; on a prononcé le gros mot de séparation et parlé de reconstituer une société nationale arménienne d'où les Anglais seraient exclus. La généreuse Albion a senti qu'il fallait faire quelque chose de plus pour ses protégés : le *Daily News* a ouvert une grande souscription qui péniblement a pu atteindre deux milliers de livres : c'est peu pour la richissime Angleterre; mais les sujets de la reine Victoria sont plus volontiers philanthropes que charitables ; la philanthropie coûte moins cher que la charité.... et souvent elle rapporte plus.

C'est avec ces faibles sommes qu'il faudra reconstruire les villages brûlés par les rebelles, reconstituer les approvisionnements dévastés, nourrir les familles des pauvres gens que les incitations anglaises ont entraînés à leur perte.

Heureusement, le Sultan, dont la générosité est infatigable et que ne décourage aucune ingratitude, est toujours là pour secourir tant d'infortunes et réparer le mal fait par les autres. si vous voulez d'êtes un ange
à bête Sultan rouge.

Vous êtes un menteur payé!

VII

La question macédonienne et les unionistes anglais. — Politique anti-russe de la Bulgarie. — L'Eléphant et la Baleine dans la presqu'île des Balkans. — L'ordre en Orient garantit la paix en Europe.

Il avait semblé, ces derniers temps, que la « question arménienne » entrait dans une période, sinon d'apaisement, au moins de lassitude. La raison de ce phénomène n'est pas difficile à trouver ; la chûte du ministère libéral a enlevé un appui considérable au parti anglo-arménien. Ce n'est pas à dire que le cabinet Salisbury adoptera en Orient une tactique diamétralement contraire à celle de lord Roseberry : ce serait mal connaître l'esprit politique et les hommes d'Etat de l'Angleterre. On peut être assuré, au contraire, que le nouveau ministère ne négligera rien pour tirer, en faveur de la Grande-Bretagne, tous les avantages possibles du fameux « projet de réformes », seulement il y mettra peut-être moins de mesquinerie et de mauvaise foi, lord Salisbury ayant un esprit plus élevé, un caractère plus altier et une plus grande autorité que son prédécesseur.

D'ailleurs, on ne laissera guère à la Turquie le loisir de respirer librement, car l'arrivée au pouvoir des

Unionistes, alliés indispensables des Conservateurs, nous promet une recrudescence de la « question macédonienne » assoupie depuis près de quatre années.

Les « Macédoniens » ou Bulgares sont notoirement appuyés par les unionistes, qui reviennent très puissants au Parlement. En Angleterre, lorsqu'on parle d'Arméniens, on songe aussitôt à M. Gladstone; lorsqu'il est question de Macédoniens, on sous entend immédiatement M. Chamberlain; or, M. Chamberlain est entré dans le nouveau cabinet comme ministre des colonies et, sans se mettre en évidence, il a, dans son entourage, bien des amis qui seront enchantés d'affirmer leur sympathie pour la *Bulgaria irredenta*.

En Bulgarie même, la question macédonienne est surtout une affaire électorale ; l'ancien parti Stambouloff affecte de reprocher au cabinet Stoïloff sa tiédeur pour les *frères macédoniens*. Les meneurs, MM. Kitantchef, Diamandief, Cavatchef, Korkof, Aïvanoff, s'efforcent avant tout de recueillir des souscriptions pour leur cause ; parmi les chefs de bandes on retrouve des vétérans de l'agitation hintchakiste, tels que Stoïanoff et autres.

Les journaux anglais ont tout naturellement recommencé leur campagne atrocitaire ; ils ne parlent que de vols, viols, meurtres, incendies, tortures, massacres; c'est, en un mot, une réimpression de tous les articles en faveur des rebelles de Talori, avec cette seule différence qu'on écrit « Macédoniens » partout où il y avait le mot « Arméniens ». On va aussi utiliser pour le même usage toute la vieille collection de fantoches appelés « les atrocités bulgares » dont M. Gladstone fut jadis le fougueux impressario et le chanoine Mac-Coll le metteur en scène. Attendons-nous donc à voir rééditer, quelques matins, la fameuse histoire des *Chrétiens empalés par les Turcs* que l'ingénieux chanoine avait vus sur les rives du Danube. On se rappelle peut-être l'origine assez burlesque de ce sinistre reportage.

Toutes les personnes qui ont voyagé en Orient ont remarqué, tant sur le littoral de la mer que sur les rives des grands fleuves, ces bizarres cabanes à claire-voie, sorte de cages à poulets, juchées sur des perches colossales ; dans ces observatoires aériens se tient immobile un pêcheur chargé de prévenir ses camarades dès qu'un banc de poissons s'aventure dans l'espace enclos par les filets. Le bon chanoine, qui doit avoir la vue très basse, avait, paraît-il, pris ces factionnaires de pêcherie pour des Chrétiens emmanchés sur de longues gaules et alignés comme d'horribles épouvantails le long du fleuve. Il raconta la chose, avec croquis et photographies, dans les bonnes feuilles de la Cité qui, incontinent, firent vibrer dans les âmes sensibles d'Outre-Manche toutes les contre-basses de l'indignation. Ce prodige de myopie fut ensuite éclairci : mais l'impression n'en persista pas moins et il y a, depuis lors, des milliers de rétines anglaises qui conservent la sensation de ces horrifiques images.

Si nous rappelons cette historiette, c'est pour enlever aux journaux illustrés de Londres toute vélléité de nous ressorvir ce vieux cliché : cela ferait pendant à la photogravure des *Femmes Souliotes !*

Le chanoine Mac Col est d'ailleurs un spécialiste en improvisations lugubres. Il ne travaille pas seulement dans la question bulgare : sa sollicitude s'étend aussi aux choses d'Arménie. Nous le voyions dernièrement, au meeting de Chester, donner la réplique à M. Gladstone; il est en quelque sorte le compère obligatoire de l'illustre inventeur dans ses tournées atrocitaires.

Toutefois, le jeu de la question macédonienne est plus compliqué et moins aisé que l'autre, le jeu arménien. D'abord le contrôle des faits est plus facile et plus immédiat en Bulgarie, sur la ligne de l'Express-Orient, que dans les montagnes du Kurdistan, ensuite, il y a plusieurs nations européennes qui ont des intérêts très directs à savoir ce qui se passe réellement en Bulgarie et à surveiller les intrigues des Etats concurrents; l'Autriche et l'Angleterre d'une part, la Russie de l'autre s'observent avec une vigilance réciproque.

On sait que l'indépendance conquise, en 1878, par la Bulgarie, fut surtout cette indépendance du cœur qui se nomme ingratitude; ce sentiment était incarné en la personne de Stambouloff qui, tout naturellement, cherchait ses points d'appui en Angleterre et en Autriche. Du jour où le gouvernement du prince Ferdinand, jetant de côté le parti Stambouloff, manifesta l'intention de se rapprocher de la Russie, il était naturel que l'agitation macédonienne recommençât aussitôt; tout aussi logiquement Stambouloff et ses créatures devaient-ils monopoliser à leur profit ce mouvement des revendications bulgares. M. Stoïloff a dû être assez embarrassé les premiers temps, car il devait compter avec le sentiment nationaliste et, en sévissant trop durement contre les agitateurs macédoniens, il risquait de passer pour un mauvais patriote ou plus encore pour un russophile. Aussi se borna-t-il à répondre malicieusement aux grandes puissances que les Bulgares de Macédoine attendraient d'elles le même appui qu'elles avaient prodigué aux Arméniens de l'Asie et que les troubles créés sur les frontières turques n'avaient d'autre but que d'appeler sur ces contrées l'attention des puissances.

C'était assurément une raison, presque une leçon ; du

moins cet appel était-il assuré de trouver un écho en Angleterre où on invoquait déjà en faveur des Macédoniens l'article 23 du traité de Berlin, comme on avait invoqué l'article 61 dans les complications arméniennes. Il est vrai que les gens maussades auraient pu répondre aux Bulgares qu'ils étaient bien mal venus à rappeler le traité de Berlin, alors qu'ils oubliaient si facilement les obligations que le même traité leur avait créées envers la Porte.

Mais, en réalité, cette question macédonienne est une arme de guerre dirigée beaucoup plus contre la Russie que contre la Turquie : car le gouvernement ottoman a la singulière malechance de se trouver partout, en Europe comme en Asie, entre ces deux colosses, la Russie et l'Angleterre ; il joue un peu le rôle de ces fameux Etats-Tampons — invention britannique appelée à un médiocre succès — Etats constamment troublés parce que chacun des adversaires a toujours une arrière-pensée d'exploiter ces troubles à son profit.

Quelle sera la conséquence de la mort de M. Stambouloff sur les affaires macédoniennes ? Nous inclinons à croire que l'effet en sera nul ; assurément, le parti de réconciliation avec la Russie a perdu un de ses plus dangereux adversaires ; mais il ne faut pas oublier que M. Stambouloff était déjà mort politiquement avant d'être assassiné et que sa disparition n'empêche pas l'Angleterre de demeurer toujours prête et vigilante en Bulgarie, décidée à user de tous moyens pour y contrarier la restauration de l'influence moscovite.

Les élections qui viennent d'avoir lieu dans la Grande-Bretagne portent avec elles un enseignement qui est, du même coup, un renseignement ; si le public anglais a si délibérément jeté par-dessus bord les libéraux, c'est qu'il

B.F. BIBLIOTHÈQUE NATIONALE IMPRIMÉS

veut retourner à la politique *impériale britannique*, c'est-à-dire la prépondérance de l'Angleterre sur tous les points du globe, la lutte implacable contre la Russie.

Cet antagonisme se révèle si clairement qu'il relègue au second plan l'hostilité entre la France et l'Allemagne qui, depuis vingt-cinq ans, a causé tant d'appréhensions à l'Europe ; on comprend maintenant qu'une guerre entre ces deux peuples est subordonnée, en quelque sorte, à l'explosion du conflit définitif entre la Russie et l'Angleterre.

Ces derniers temps, il a bien semblé que l'empereur Guillaume tendait à se rapprocher du groupe franco-russe, aussi bien dans la question d'Egypte que dans l'aventure sino-japonaise. Mais toute la politique de lord Salisbury consistera désormais à attirer l'Allemagne dans la sphère d'intérêts de la Grande-Bretagne ; il ne manquera pas de trouver pour cela de bons arguments et des promesses engageantes ; d'ailleurs il sera forcément servi par quelques chevaleresques maladresses du gros public français ; les finesses diplomatiques ne sont pas le fait des démocraties !

Quant à l'Italie, chacun sait que son amour est à la merci de quiconque le lui demande ; lord Salisbury n'aura qu'à se baisser pour en prendre.

Une nouvelle classification s'opère donc parmi les peuples européens et, tandis que chaque nation s'évertue à protester de ses volontés pacifiques, toutes s'exténuent en ruineuses dépenses de guerre, pendant que, en Orient, s'accumulent les nuages chargés d'électricité qu'un vent de malheur déchaînera quelque jour sur notre vieux monde.

Car il n'y a plus seulement aujourd'hui une *question d'Orient* ; il existe toute une série de *questions d'Orient*, arménienne, macédonienne, panhellénique, crétoise, syrienne, arabe, dont chacune suffirait à embraser l'Europe.

Aussi les gouvernements de bonne volonté doivent-ils surveiller, d'un œil sévère, les nations qui jouent avec ces dangereux problèmes ou cherchent à les exploiter par calcul d'égoïsme.

Jusqu'à ce jour, la sagesse et l'habileté du Sultan ont épargné à l'Europe le fléau d'une guerre générale ; pour que cela dure, il faut que ces Etats soutiennent personnellement Abd-ul-Hamid avec loyauté, avec désintéressement, avec énergie, avec persistance....

Car la tranquillité en Orient, c'est la paix en Europe.

R.F.

TABLE DES MATIÈRES

Page

CHAPITRE I. — La rébellion arménienne a-t-elle été spontanée? — La complicité de la presse anglaise. — Enquête rétrospective. — Une « colossale duperie », d'après le *Globe* 5

CHAPITRE II. — Midhat-Pacha et un essai de parlementarisme en Turquie. — Entrée en campagne des journaux anglais. — L'insurrection crétoise. — Une proposition britannique.. 15

CHAPITRE III. — Les Arméniens en Anatolie. — Les Kurdes, mœurs et usages. — La cavalerie Hamidieh. — Le projet de création d'un « Royaume d'Arménie ». — Nubar-Pacha prétendant au trône. — La presse anglo-arménienne....... 25

CHAPITRE IV. — Le Comité anglo-arménien de Londres et les éléments insurrectionnels. — Membres du Parlement dans le Comité révolutionnaire. — Le Comité anarchiste arménien Hintchak. — Statuts, règlements, but. — Qu'en pense M. Gladstone ? 39

CHAPITRE V. — La propagande par le fait. — L'émeute d'Erzeroum. — L'échauffourée de Koum-Kapou. — Chûte du cabinet Salisbury. — Accalmie en Arménie. — Intrigues anglaises au Yemen 55

CHAPITRE VI. — Les missions protestantes et les émeutes de Merzifan, Yuzgat, Césarée. — La vérité sur la rébellion de Talori (Sassoun). — L'enquête collective et ses résultats. — Le « projet de réformes » devant l'opinion. — Quelques mystifications anglo-arméniennes........................ 07

CHAPITRE VII. — La question macédonienne et les unionistes anglais. — Politique anti-russe dans la Bulgarie. — L'Éléphant et la Baleine dans la presqu'île des Balkans. — L'ordre en Orient garantit la paix en Europe.................... 03

Nérac. — Imprimerie L. DURBY & FILS.

239

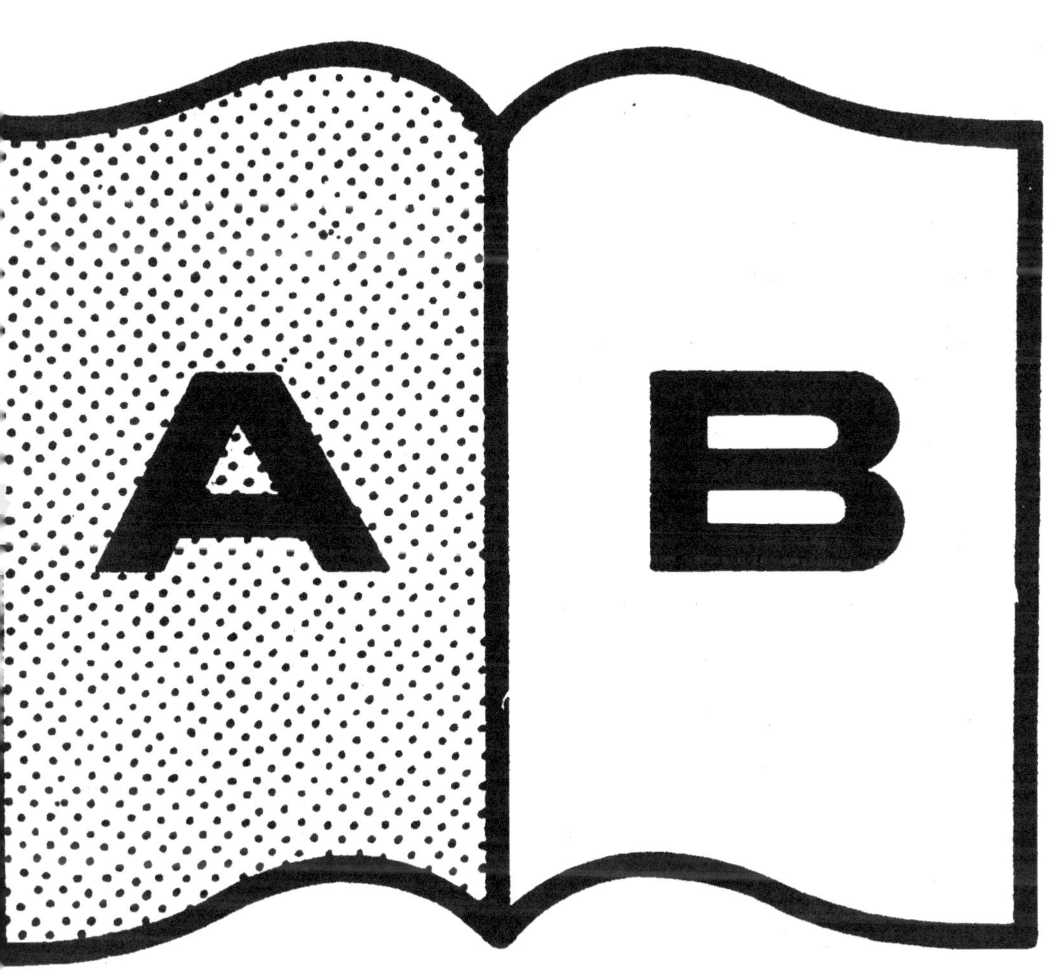

Contraste insuffisant

NF Z 43-120-14

www.ingramcontent.com/pod-product-compliance
Lightning Source LLC
LaVergne TN
LVHW020346230826
846091LV00003B/1010

9782012683563